BUZZ

IMPACTO

MAURÍCIO SAMPAIO

Publisher **Anderson Cavalcante**
Editora **Simone Paulino**

Projeto Gráfico **Daniele Gautio**
Revisão **Marcelo Laier e Jorge Ribeiro**

Dados Internacionais de Catalogação na Publicação (CIP)
(Câmara Brasileira do Livro, SP, Brasil)

Sampaio, Maurício
Impacto / Maurício Sampaio. -- 1. ed. -- São Paulo
: Buzz Editora, 2017.
ISBN: 978-85-93156-22-9
1. Autoajuda 2. Carreira profissional 3. Coaching
4. Desenvolvimento pessoal 5. Desenvolvimento
profissional 6. Orientação profissional 7. Sucesso
I. Título.

17-04814   CDD-650.13

Índices para catálogo sistemático:
1. Coaching : Carreira profissional :
 Desenvolvimento : Administração 650.13

Buzz Editora
Av. Paulista, 726 - Mezanino
Cep: 01310-100 São Paulo, SP

[55 11] 4171-2317
contato@buzzeditora.com.br
www.buzzeditora.com.br

PARTE I
CONECTE-SE COM A SUA HISTÓRIA

- Extraindo ouro da sua história
- Pintando a obra-prima da sua vida
- O ciclo do sucesso

PARTE II
PROMOVA A SUA MUDANÇA

- O poder do sonho
- Inspiração, combustível para a mudança
- Construindo a sua jornada
- Criando âncoras para mudança

Parte III
CONQUISTE SEU SUCESSO

- Cuidado com as metas
- Aceite os desafios
- 5 fatores para o sucesso

Parte IV
PRONTO PARA MUDAR

- Gerando confiança para mudar
- Vencendo seu inimigo

APRESENTAÇÃO

O Novo Mundo, este que estamos vivendo, está cheio de oportunidades. Você pode usufruir disso simplesmente utilizando a sua história de vida e os aprendizados para contribuir com a vida de milhares de pessoas à sua volta, e ainda ser bem-remunerado por isso.

As pessoas possuem histórias de vida emocionantes, cheias de desafios e aprendizados. Saber disso, hoje, pode ser o início de uma nova vida, de uma nova carreira.

Provavelmente, sua história de vida deve ter passagens marcantes que o levaram a aprender o bastante para ensinar outras pessoas. Ela também pode ser exemplo e inspiração para quem precisa superar desafios.

Mais do que isso, a sua história pode se tornar um grande negócio, empolgante e rentável. É assim que as pessoas estão tendo sucesso nesse Novo Mundo.

Nas próximas páginas desse livro, eu vou levá-lo a construir uma nova jornada profissional, e a entender que a resposta para uma reviravolta em sua carreira está dentro de você. Vou lhe mostrar como outras pessoas precisam de você!

Você vai entender como eu fiz a minha própria transição de carreira, deixando de lado um grande negócio para viver trabalhando por conta própria, construindo um estilo de vida completamente diferente do que tinha; com mais flexibilidade de tempo, com a possibilidade real de estar perto da minha família e dos meus amigos.

E você poderá traçar o mesmo caminho que eu fiz. Ao longo da leitura, você vai conhecer histórias de alguns dos meus clientes que estavam chateados, cansados, não aguentavam mais a rotina, e um dia resolveram dar um guinada e mudar de rumo, mas não sabiam por onde começar. Você vai entender o que eles fizeram para mudar esse cenário e se tornarem grandes profissionais.

Com base em um método comprovado, você será convidado ou convidada nas próximas páginas a fazer a sua transformação. Caso você realmente queira mudar de vida.

Uma coisa é muito importante: você deve desde já acreditar que isso é possível. Esse já é o primeiro passo da sua jornada.

Agora que você tomou a decisão de mudar, seja bem-vindo à sua nova jornada profissional.

INTRODUÇÃO

Verão de 2016. Califórnia, EUA.

Senti a brisa do mar, gelada. O céu estava sem nuvens e o sol nos aquecia. Aquela era a temperatura ideal. O cenário perfeito.

Estávamos ali para celebrarmos.

Eu, minha esposa e meu filho.

Já tinha ouvido falar de sensações de gratidão tão fortes que faziam as pessoas chorarem. Daqueles momentos em que a gente está onde queria estar, depois de muito sonho e suor. Daqueles momentos que transformam, porque chegam a ser inacreditáveis de tão bons.

Deve ser a sensação dos grandes atletas, quando cruzam a linha de chegada em primeiro lugar e fecham os olhos, ajoelhados, com as lágrimas correndo no rosto.

Essa é a sensação que eu tinha naquele instante.

Sabe aquela coisa de que homem não chora? Nem chegou a martelar na minha cabeça. Era muito bom estar vivendo aquele momento.

Se, dez anos atrás, eu pintasse um quadro de como queria que a minha vida estivesse no futuro, onde queria estar, fazendo o quê, com quem e ganhando quanto, aquele momento, sem dúvida, faria parte da obra-prima da minha vida.

Mas aquela viagem tinha um gostinho maior. Não era só para comemorar que tudo estava indo bem no trabalho, nem para fazer foto posada de família feliz para postar nas redes sociais.

Sim, estávamos bem. Estávamos reunidos, felizes. E eu colhia os frutos de tudo aquilo que tinha semeado. Só que com um bônus.

Era a nossa viagem. A tão planejada viagem.

Visitar toda a costa da Califórnia, num roteiro que duraria dois meses. E aqueles dois meses representavam muito mais do que as férias que eu sempre sonhei em proporcionar à minha família.

Aquela viagem representava uma vitória de nós três. E uma vitória sempre deve ser comemorada, não importa como.

Eu já estava tendo o reconhecimento profissional que sonhava. Transformava a vida de muitas pessoas, estava fazendo o que gostava. Mas, por incrível que pareça, minha gratidão era por outra coisa. Um acontecimento que tinha transformado nossa maneira de ver o mundo, de enfrentar os desafios, e que tinha promovido uma mudança na rotina familiar. Um acontecimento que mexeu com todas as nossas certezas e desafiou nossa fé. Um acontecimento que mexeu com o nosso emocional e poderia ter desestabilizado tudo.

Em uma sexta-feira à noite, alguns meses antes da viagem, estávamos no carro voltando de um jantar, alegres e comemorando a vida. Eu, minha esposa e meu filho.

O telefone tocou, era um grande amigo, um ex-aluno de um dos meus cursos, que é um grande médico oncologista. Eu tinha pedido a ele para verificar os exames da minha esposa. Com tato, ele me deu o diagnóstico. Mas certas notícias, mesmo quando recebidas da melhor maneira possível, não são digeridas com tanta facilidade.

Minha esposa estava doente.

Essa é uma daquelas coisas que a gente vê acontecendo todos os dias, mas quando acontecem na casa da gente nos fazem perder o chão.

Ficamos bem tristes com a notícia, mas buscamos forças para manter a calma.

Como lidar com aquele diagnóstico? Como vislumbrar uma perspectiva de futuro, quando o quadro não é favorável?

Lá estava eu, com a pessoa que eu mais amava na vida, implorando com os olhos uma resposta minha. Ela queria que eu garantisse que ela iria ficar boa. Mas não dizia isso.

Dias depois, com a maré mais calma, resolvemos começar a construir um final feliz para essa história. Antes que o emocional de todos fosse abalado, distribuímos missões.

Sim, missões.

Até outubro de 2015 cada um de nós ficaria focado em sua meta. Só nela. Sem pensar em tudo de ruim que pudesse acontecer. Era uma tentativa de quebrar o padrão de pensamentos ruins daquele momento.

Meu filho precisaria ter a melhor performance na escola a fim de não ficar de recuperação. Caso contrário, teríamos que adiar a viagem e até cancelá-la.

Eu precisaria ficar focado em gerar receita, deixar as finanças em ordem e me organizar para que pudéssemos sair para as tão sonhadas férias em dezembro.

E ela, minha esposa, deveria focar no tratamento para estar curada e receber alta antes da nossa viagem.

Dessa maneira, sabendo que éramos obrigados a trazer esse resultado, com data certa, para que pudéssemos sair para as tão sonhadas férias de dois meses, nos comprometeríamos de outra maneira com os nossos objetivos.

Eu precisava de algo para nos fazer acreditar, nos trazer esperança. Para tirar o foco da doença. Tirar o foco do medo, da dor. E injetar coragem e fé no processo. Semear sonhos. Usar nossa capacidade de

projetar um futuro onde estaríamos curtindo nossa viagem, livres de tudo.
Simplesmente celebrando.
Essa era a nossa missão.

Na verdade, o que eu estava fazendo naquele momento era colocar em prática uma regra que criei para minha vida e que aplicava aos meus clientes: a regra do 70/30.

A regra estabelece o seguinte: 70% do tempo precisamos estar feliz com o que fazemos, mas não se trata de estar rindo à toa e sim curtindo, acreditando, motivado, com objetivos definidos e clareza de futuro. Os outros 30% são o tempo que precisamos nos dedicar a fazer o que tem de ser feito e pronto.

Acreditei fielmente que se eu fizesse com que minha esposa focasse 70% do tempo dela no prazer, em algo que a fizesse se sentir bem e motivada, eu conseguiria que ela mantivesse apenas 30% de foco na sua doença. Isso se resumia em fazer as sessões de quimioterapia, que era o que tinha que ser feito, gostando ou não.

Foi o que aconteceu, a teoria deu certo na prática.

Não pensei duas vezes, inventei uma viagem de dois meses para a Califórnia. Confesso que esse era um sonho antigo, o de poder vivenciar uma fase mais longa com minha família no exterior, ter essa experiência.

Por mais que soubéssemos que era um intenso aprendizado, e que exigiria muito de nós, sabíamos que era o preço que pagaríamos. E fomos em frente, mantendo a cabeça erguida em nossas missões.

Cada dia, a seguir, foi de luta. Uma luta tão intensa que às vezes paro para relembrar e percebo o quanto tive de aprendizado. Porque todo momento de sofrimento, por mais gritante que ele seja, traz um aprendizado. A dor traz aprendizado. A crise também traz.

Eu me via desafiado diariamente a manter todo mundo inspirado e engajado na nossa missão. Na missão de acreditar que reverteríamos aquele quadro e que sairíamos de férias com tudo superado.

Em janeiro de 2016, sentados naquele banco de frente para o Oceano Pacífico, já na Califórnia, eu me lembrava de cada dia desde quando as missões tinham sido dadas. Desde que criamos uma visão clara da viagem que queríamos muito.

Cada dia tinha sido uma batalha intensa. E hoje sei realmente o que é matar um leão por dia, porque foi o que nós fizemos naqueles meses. Várias vezes a gente teve vontade de desistir, de cair, de chorar, de deixar que o medo agisse.

E o medo agiu. O medo agiu, mas nós fomos mais fortes que ele. Nós o encaramos de frente e não deixamos que ele nos dominasse.

O que aconteceu depois foi fantástico. Alguns meses se passaram e todos tinham cumprido suas metas.

Foi quase como escalar o Everest. Foi preciso muita força física e emocional. Mas vencer aquela guerra nos deixou ainda mais fortes.

Meu filho fechara o ano com as notas máximas, antes mesmo de terminar o semestre. Minha esposa recebera alta do tratamento na data prevista.

E eu conseguira deixar não só a viagem integralmente paga, mas também provar que o estilo de vida e a carreira que eu tinha construído me possibilitavam estar sempre junto da minha família.

Era inacreditável. Ou melhor, era a prova de que, acreditando, tudo é possível.

Era uma celebração estar lá. Claro que era. Era o nosso momento. A hora mágica. O momento da vitória, que a gente celebra e celebra muito, com toda a disposição e energia. Era como um *coach* que treina seu time para ganhar um campeonato, extrai o melhor de cada um, até que se rende ao abraço coletivo quando finalmente pegam a taça nas mãos.

Aquele era nosso momento. E, eu, não por acaso, tinha usado os ensinamentos de *coaching* para transformar a nossa rota de vida.

Eu sempre digo às pessoas que para se ter sucesso é preciso pintar uma obra-prima da própria vida, com toda a riqueza desejada.

É lógico que esse momento da doença da minha esposa não estava previsto na minha pintura, mas estava pintada uma longa viagem ao lado da minha família, estava pintado que eu seria um profissional admirado e bem-remunerado, estava pintado que eu teria livros publicados e ministraria palestras e treinamentos no Brasil inteiro, estava pintado que eu seria dono do meu tempo.

Eu também mal sabia que essa pintura poderia ser ainda melhor do que a que eu já tinha pintado.

Foi então que sentado ali em um banco, de frente para um mar azul, do outro lado do continente, comecei a relembrar minha trajetória, todas as dificuldades que tinha enfrentado até chegar ali, e percebi que aquela história era impactante demais para que eu a guardasse só para mim.

Era a minha história de vida. Era o caminho e a maneira como eu tinha transformado minha vida para chegar onde tinha almejado. Como tinha superado todos os desafios, enfrentado os medos, alimentado meus sonhos.

Naquele instante, meu sentimento de gratidão era tão grande que eu queria que todo mundo sentisse o que eu estava sentindo: Felicidade, realização em todos os níveis, amor, fé, celebração, esperança, coragem, família e realização profissional.

Eu precisava mostrar como estava nas mãos de cada um o poder de impactar a própria vida e a de outras pessoas. Eu percebi, durante a reflexão sobre a minha trajetória, que histórias de vida possuem um valor inestimável e que elas nos ensinam muitas coisas. A minha, a sua, a de todo mundo ensina algo.

Todas as histórias trazem ativos, trazem ouro os quais podem fazer com que a gente se movimente para a direção que nos traz felicidade e realização. Além disso, nossas histórias podem servir de modelo de superação para outras pessoas. Fiz uma promessa naquele instante: eu escreveria um livro. Um livro que provocasse mudanças, inspirasse pessoas, transformasse a vida de quem estivesse numa situação de desespero no trabalho, insatisfeito profissionalmente e com um estilo de vida medíocre.

Eu queria contribuir para que cada um encontrasse dentro de si a coragem necessária para superar medos e desafios. E viver a vida dos sonhos. Mais do que isso: escreveria um livro que iniciasse uma corrente do bem, pessoas contribuindo com pessoas através de suas experiências de vidas e aprendizados.

Como *coach* de carreira, eu via muita gente desanimada, frustrada, sem esperança. As pessoas estavam infelizes o tempo todo. Com medo, ansiosas, deprimidas. E tinham em suas mãos, na maioria das vezes, as armas para mudar. Para retomar o controle de seu próprio destino e recalcular a rota em direção ao lugar onde sonhavam estar. Na posição que queriam, tendo o estilo de vida que gostavam, pintando a própria obra-prima de sua vida.

Essa era a minha missão. Impactar as pessoas para

que elas impactassem outras pessoas. Era isso.

Um livro para mostrar como as pessoas podem utilizar algo que vivenciaram, experimentaram e aprenderam, para ajudar outras pessoas. Assim como eu fiz, quando aproveitei toda a minha experiência de ter sido diretor de uma escola de ensino médio e utilizei esses aprendizados para ajudar adolescentes e jovens em suas escolhas profissionais, tornando-me um dos maiores *coaches* de carreira do Brasil.

Um livro que ensinasse, de uma forma clara, ações estratégicas para extrair o ouro da história de cada pessoa, e a transformasse em uma pessoa em um profissional realizado. Um ser humano feliz vivendo seu sonho, podendo promover mudanças no mundo. Com o poder de impactar muita gente.

Gente feliz e sonhadora é como uma máquina que vibra em outra frequência, que provoca mudanças em pequenos ecossistemas.

Como *coaching* de carreira, eu via como a maioria das pessoas sofriam de insatisfação, como estavam ansiosas, deprimidas, tristes, sem propósito. Andando feito zumbis para o trabalho. Desmotivadas.

Isso não é vida.

Vida é acordar com alegria e motivado, é celebrar os momentos, as pequenas e grandes conquistas. É resistir bravamente aos desafios e lutar para realizar aquele sonho de que a gente tanto fala. Vida é contribuir com o próximo, é se doar e ao mesmo tempo receber.

De volta do meu sonho de escrever um livro, eu olhei para o lado e vi minha esposa e meu filho. Eles não sabiam o que eu estava pensando, o que se passava na minha mente, mas sabiam que eu estava emocionado. Estava feliz, pleno, realizado. Era como ter cruzado a linha de chegada depois de uma longa maratona para a qual eu havia me preparado durante anos.

E, por tantos motivos, eu me sentia no dever de compartilhar aquela sensação com todo mundo. Era como se a felicidade transbordasse e eu finalmente entendesse que, quanto maior o número de pessoas impactadas com a minha história e através do meu trabalho, mais aquilo iria se multiplicar.

De tão palpável, eu podia sentir a energia que estava vibrando.

Peguei um papel e comecei a rascunhar as ideias.

O nome do livro veio forte como um trovão em alto mar: Impacto.

Era isso que eu iria causar na vida das pessoas e era isso que eu desejava que essas pessoas causassem na vida de outras, desencadeando uma corrente do bem.

PARTE I
CONECTE-SE COM A SUA HISTÓRIA

EXTRAINDO OURO DA SUA HISTÓRIA

"Está tudo muito ruim..."
Ele me olhava e seu rosto denunciava o estado de pânico em que estava vivendo.

Alexandre era um amigo de longa data, portanto, aquela era mais uma conversa entre amigos do que uma sessão de *coaching*.

Fiquei escutando o que parecia ser o mesmo contexto de todas as outras pessoas que já tinham sentado diante de mim à procura de ajuda. Era um pedido de socorro que eu não podia negar. Seu rosto estava apagado. Sua expressão era de quem não estava vivendo, e sim sobrevivendo ao dia a dia, massacrado com o peso que carregava nos ombros. Um peso que nem se sabe porque carrega, mas que vai colocando cada vez mais pressão em todo o corpo.

Ele era o caso típico de uma pessoa com uma vida sem nenhum sentido, que estava vagando por aí com o corpo e deixando a alma em casa, os sonhos, para trás. Estava deixando a vida passar, sabia disso. E isso o deixava agoniado. Seus olhos denunciavam mais que tristeza. Denunciavam desespero.

"Não sei nem por onde começar" - ele disse.

"Eu já tenho 39 anos. Trinta e nove. O que eu vou fazer se sair da empresa agora, me diz Maurício?"

Aquela dor era tão comum que ele nem imaginava. Muita gente da mesma idade, e também outros mais velhos, passavam por essa crise existencial. Por momentos nos quais não viam nenhum propósito no que estavam fazendo, mas achavam que não havia mais saída, que estavam velhos demais para começar algo novo, que não teriam mais oportunidade de serem felizes. E isso era massacrante.

Eu me dei conta que a regra dos 70/30 estava

invertida nele, eram só 30% de felicidade e os 70% representavam problemas. Experimente viver sem perspectiva. Com medo, agoniado, acreditando que você vai passar o resto da vida fazendo o que não gosta simplesmente porque não existem mais possibilidades.

Milhares de pessoas são assim. E estão assim. Estão vivendo em suas rotinas de trabalho carregando pesos que não estão dispostas mais a carregar. Simplesmente porque chegaram onde queriam, mas aquele não era exatamente o lugar onde queriam estar. E essa contradição de ver que o pote de ouro não era um pote de ouro traz uma frustração danada.

Esperei que ele terminasse a frase. Tinha apenas 39 anos. Era novo. Podia começar o que quisesse. Contei de um caso que tinha atendido certa vez. Uma mulher de sessenta e sete anos que tinha aberto uma academia de ginástica para a terceira idade. Ela estava feliz e super bem-sucedida depois de sair de uma multinacional onde tinha trabalhado durante a vida toda.

Essa mulher tinha encontrado a felicidade no trabalho depois de muito tempo de vida. Depois de achar, por todo o tempo, que trabalho e felicidade não eram palavras compatíveis. Como trabalhava no departamento financeiro, estava acostumada a lidar com toda espécie de pressão, não tinha prazer e fazia as coisas mecanicamente. Ela só havia encontrado prazer nas atividades que fazia fora do escritório. Na academia, na meditação, na Yoga. E, numa tarde de sábado, depois de se questionar muito sobre o que queria fazer, olhou para si mesma e viu uma alternativa: podia ter seu próprio negócio. Transformar o que gostava em um grande negócio. A partir de então, ela promoveu uma grande mudança. E nunca mais foi infeliz no trabalho.

Esse era só um dos exemplos que eu tinha para dar.

Ele me olhou atentamente e retrucou.

"Meu chefe é um babaca, eu praticamente vivo dentro

daquele escritório. A pressão é massacrante. Nem vejo a minha família. Às vezes chego em casa e me sinto um estranho" - desembestou a falar.

Enquanto ele falava, eu sabia que estava aflito porque não tinha mais conexão com sua família. Sabia que estava passando por um momento onde a cobrança interna era muito grande. Ele trabalhava sem propósito ou motivação. E os fatores externos só contribuíam para que ficasse mais insatisfeito ainda. O chefe, o escritório, a rotina. Dentro dele tudo estava uma bagunça. E fora também. Por isso o desespero. Por isso a dor.

"Parece que eu nem conheço mais a minha mulher. A gente se distanciou muito nesse tempo. Até o nosso relacionamento murchou. Acho que estou a ponto de explodir. E eu não vejo mais nenhum sentido no que eu faço. Minha gravata parece que vai me enforcar a qualquer momento. Toda vez que eu chego na empresa, meu peito dói. Meu chefe me chama para uma reunião e eu tenho a impressão de que vou ser mandado embora, assim como um monte de gente que é cortada da empresa que nem linha de planilha Excel. O pior é que eu sei que eu doei a minha vida, a fase mais produtiva, a melhor, para essa empresa e no dia que quiserem me descartar, eu vou estar fora. Simples assim".

Ele me contou tudo isso, mas ainda parecia incomodado. Não respirava entre uma fala e outra.

Essa frustração e agonia estavam presentes na maioria dos discursos que eu ouvia. As pessoas estavam absolutamente infelizes no trabalho, lotando clínicas psiquiátricas, somatizando problemas, ficando sem saúde, sem felicidade, correndo contra o tempo para assumir tarefas robotizadas. Não vivenciavam a jornada. Não tinham prazer no dia a dia e também não viam propósito no que estavam fazendo.

E quem trabalha sem propósito, ou no que não gosta, mais cedo ou mais tarde, vai sentir esse vazio. Ele é implacável. Começa com um sentimento de inadequação e depois vira uma agonia. A vida, que estava mais ou menos, fica insustentável. As relações familiares estremecem. A dor de cabeça aumenta. O conforto e a segurança acabam. É aí que a corda arrebenta. Ou pedem demissão e ficam perdidos, ou buscam artifícios para aliviar a dor. Uma doença aqui, uma ali, um vício acolá.

Muitas coisas acabam transformando um destino.

"Fico pensando em sair, mas eu nem sei o que fazer"- ele continuou. "Eu nem sei se teria idade para começar algo. Nunca fui empreendedor. E se dá errado? E se eu invisto todas as minhas economias e perco tudo? Como eu vou pagar a escola das crianças? Eu fico consumido pelo medo vinte e quatro horas por dia. Sou o cara mais infeliz do planeta, mas não sei como sair dessa. Nem sei se tem saída. Ao mesmo tempo, vejo gente da minha idade tendo AVC, sofrendo infarto fulminante. E eu não sei mais nem quem eu sou. Maurício, a minha situação está crítica".

Quando Alexandre terminou o desabafo, já sabia o que viria a seguir. E entendia aquela dor. Conheci inúmeras pessoas que não conseguiam dar o passo seguinte porque tinham medo de ficar sem dinheiro, que não sabiam planejar suas carreiras nem suas vidas, que não sabiam ao certo o que queriam, e achavam que, se saíssem do emprego, tudo acabaria.

Todo mundo que está numa situação dessa acaba ficando no impasse. Prefere a zona de conforto, mesmo sabendo que ela não é tão confortável assim. E fica esperando que as coisas aconteçam. Esperando uma luz cair do céu e mudar a vida.

Mas, acredite: as situações, na maioria das vezes, não se resolvem sozinhas. Somos nós que as resolvemos. E por pior que ela seja, entender que você está nela e que está difícil ficar nesse lugar já é um grande passo para a mudança. Isso é, se você quiser mudar.

Como todos os outros, ele dizia que só aguentava

aquela situação extrema pelo salário, que estava no casamento por causa da felicidade dos filhos, que o medo de não ter dinheiro para pagar as contas o impedia de dar qualquer passo, que não era um exemplo de pai que gostaria de ser, que não via sentido na vida que levava e que, se não saísse daquela vida em pouco tempo, perderia a saúde que ainda restava.

Ele era parte dos mais de 90% dos profissionais ativos no mundo que estavam insatisfeitos com o trabalho, trabalhavam há muito tempo na mesma empresa e sabiam que poderiam ser descartados como copo plástico depois do cafezinho da tarde.

Aquele homem sofria do mesmo desgaste de 85% dos brasileiros – estava cansado da rotina puxada, sentia uma falta de alinhamento de propósito e valores com a empresa em que trabalhava, e nem imaginava como poderia reverter aquele quadro.

O pior não era isso.

O pior era que quando esses mesmos caras eram questionados sobre o que sonhavam para a vida, todos sabiam a resposta.

"Eu queria fazer uma coisa que gostasse, que desse sentido para minha vida. Trabalhar por conta própria, contribuir com os outros, ter uma vida mais flexível, ter mais tempo para ficar com a minha família, viajar, ter qualidade de vida. Queria me sentir vivo, assim como você, Maurício. Será que é possível?"

Seu olhar era como um pedido de socorro. Era uma tentativa alucinada de sair daquele círculo vicioso em que ele mesmo tinha se colocado, mas do qual não fazia a menor ideia que poderia escolher sair. E escolher sair não é apenas chutar o pau da barraca e pedir demissão. Escolher sair é escolher tomar o rumo da vida nas mãos e tomar decisões conscientes e responsáveis. É planejar cada passo para chegar onde se quer. É esboçar uma pintura do lugar onde se quer chegar. É pintar a própria obra de arte da sua vida. Isso é possível para qualquer pessoa. Mesmo que ela aparentemente não enxergue possibilidades naquele momento.

Ele sabia que eu estava próximo à minha família, que tinha tempo para os meus amigos e dava uma boa educação para o meu filho. E, principalmente, tinha o estilo de vida com que sempre sonhara.

"Como você fez?" – ele perguntou.

"Eu conheço as suas dores" - comecei. "A única diferença entre nós é que quando eu tive essa dor não tinha um cara do meu lado que me ajudasse a descobrir o que fazer. Quebrei a cara sozinho."

Enquanto ele me olhava, continuei pausadamente:

"Demorei muito mais tempo para chegar aqui do que se tivesse tido um *coach* ao meu lado. Um Maurício que me olhasse e me questionasse, fizesse-me enxergar as coisas de outra forma. Eu sou meu cliente transformado hoje. Por isso, quando olho para alguém como você, sei exatamente como planejar essa mudança".

Atender um amigo me dava uma liberdade maior de dizer certas coisas.

Ele me esperou terminar e continuou me bombardeando de perguntas. Suas aflições eram comuns. Eram reais.

"Mas e aí? E se eu tiver que diminuir meu padrão financeiro? Como eu vou falar 'não' para o meu filho quando ele quiser alguma coisa? E quando não entrar dinheiro? E se a gente fica doente e não tem um plano de saúde? E se, por exemplo, as coisas derem errado e eu não tiver uma nova fonte de renda?"

Enquanto ele falava, seu celular apitava constantemente, sendo bombardeado de mensagens e e-mails com pausas menores que um minuto entre cada sinal.

Ele olhou para o celular. Uma veia saltou em sua testa. Era como se quisesse explodir e jogar aquele aparelho longe.

"Está vendo isso? Você sabe a quantidade de pepinos

que resolvo diariamente naquela empresa? Eu não aguento mais, me sinto um escravo. Não consigo desligar esse celular de madrugada com medo de um cliente precisar falar comigo. Não consigo almoçar ou conversar nem quando eu estou em casa com a minha família. É exaustivo. Eu quero viver!"

Eu entendia cada palavra dele. Cada uma das pessoas que me procuravam estavam no mesmo barco. E tudo o que eu fazia era que entendessem que suas experiências de vida, profissionais ou não, poderiam ajudar a saírem desse rodamoinho da insatisfação para construírem a vida dos sonhos. Iniciando uma nova carreira e gerando receita. Além disso, contribuindo com a vida de outras pessoas, assim como eu fiz. Queria que elas descobrissem que possuíam algo valioso para oferecer para o mundo. E nesse pacote estavam aprendizados, conhecimentos, habilidades, talentos inimagináveis. Na verdade, eu queria deixar claro que eles possuíam uma história de vida e nela estava o segredo para dar a volta por cima. Mas quando estamos angustiados, com medo, aflitos ou aterrorizados com a possibilidade de não conseguir pagar uma conta, não conseguimos entender isso. Sequer conseguimos enxergar que existe um novo horizonte nos esperando.

"Qualquer um pode descobrir como começar uma mudança de rumo profissional." - comecei.

Mas tem que planejar. E com esse planejamento, as chances de as coisas darem certo aumentam muito, mais do que você possa acreditar. Eu sabia que pessoas movidas a pressão acabavam deixando a corda esticar até arrebentar.

E se arrebentavam com ela. Tomando decisões impensadas ou sendo permanentemente afetadas por doenças irreversíveis. E o Alexandre fatalmente faria parte dessa estatística, se não começasse a reprogramar a própria rota.

"Um momento de crise, de insatisfação, traz esse

presente. Você pode perceber que não é isso que quer para sua vida. E começar a entender que existem novas oportunidades. Começar a sair desse roteiro que estabeleceram para você e você foi seguindo sem questionar. Começar a entender você mesmo e saber o que te faz feliz".

Ele enxugou a testa com um lenço. Afrouxou o nó da gravata e ficou concentrado em cada palavra que eu dizia.

"Conheço muita gente que está trabalhando em grandes empresas e não está satisfeita com o que está fazendo. Seja com a empresa, seja com o chefe. Pessoas que não aguentam mais e querem mudar. Pessoas que enfrentam problemas com elas mesmas, e depois passam a enfrentar com a família."

Ele riu. Pela primeira vez. Isso era um bom sinal. Mais relaxado, as chances de que pudesse ao menos experimentar a sensação de que o controle da vida dele estava em suas próprias mãos eram infinitamente maiores.

Só que o medo batia em sua porta. E o medo não vinha só da leitura do jornal, das estatísticas de crise e desemprego. O medo vinha na forma de palavras. E as palavras vinham de quem ele mais confiava. Pessoas que minavam sua confiança, que destruíam todos os pequenos sonhos que estavam brotando ali. Ele não poderia continuar agindo sem esperança, nem dando ouvidos às pessoas que achavam que não havia saída.

"Sabe que meu cunhado disse que eu tenho que continuar porque nunca mais vou achar um emprego que me pague tão bem. Nem que eu abra um negócio, pois até dar certo vai demorar e eu vou me arrepender. Mas eu juro que estou tão de saco cheio que sairia hoje do emprego. Se meu chefe me olhasse torto eu compraria, sei lá, uma padaria".

Rimos.

Foi inevitável que eu lembrasse a situação do meu sogro.

O pai da minha esposa tinha trabalhado por anos numa multinacional. E quando as pessoas saem assim de um trabalho de tantos anos, geralmente não fazem ideia do que fazer. Não sabem que a taxa de mortalidade das empresas é alta e acabam abrindo um negócio da pior maneira possível. As pessoas pegam todo dinheiro que têm, visitam uma feira de franquia onde os vendedores estão altamente preparados para vender ideias de negócios, e investem aquele dinheiro ali, sem pesquisar nada. E são iludidos a pensar que compraram a mina de ouro, não por maldade das franquias, mas por desconhecimento da própria vida.

Amigo, vou lhe dizer a verdade – não é assim que a vida funciona. Abrir um negócio sem estar fazendo o que gosta ou sabe fazer, ou simplesmente para fugir de um emprego sem ter noção administrativa ou atitude empreendedora, não vai fazê-lo mais feliz a longo prazo.

Em pouco tempo, cadê o dinheiro?

As pessoas que investem todo o dinheiro que possuem numa coisa que nunca fizeram só para ter o tal do 'conforto e segurança', na maioria das vezes estão comprando uma grande ilusão. Ou se dão mal logo de saída, ou percebem, ao longo do tempo que aquele negócio não tem nada a ver com o que queriam. E ainda consome mais tempo do que imaginavam.

Como foi o caso do meu sogro, que saiu da multinacional onde trabalhava, viu uma grande oportunidade numa padaria em Cabo Frio e investiu tudo nela. Pegou a grana que tinha guardado a vida toda na poupança e foi lá comprar a tal padaria.

Só que acabou a alta temporada e começaram as chuvas no Rio de Janeiro. A cidade virou uma cidade fantasma, ele ficou sem clientes e o negócio literalmente afundou. Perdeu tudo e teve que fechar as portas.

Muita gente age dessa maneira porque não consegue vislumbrar as possibilidades desse novo mercado, desse

Novo Mundo. Não entende que dá para fazer muitas coisas com os próprios ativos que se tem em mãos.

Nossa história de vida é repleta de desafios e aprendizados, e é isso que eu chamo de ativo. É algo que podemos utilizar em nosso favor. Basta se lembrar do meu próprio caso. Eu era diretor de uma grande escola em São Paulo, e numa determinada época me vi angustiado com aquela situação. Queria mudá-la de alguma maneira. Foi quando me dei conta de que eu tinha construído ali uma história, tinha aprendido muitas coisas que as minhas especializações não tinham me ensinado. E entendi que esse aprendizado daria um grande negócio, o estilo de vida que eu desejava.

Mas é lógico que não foi tão simples assim. Quebrei muito a cabeça, bati várias vezes com a cara em portões que se fecharam e por muito tempo.

A vida é um emaranhado de possibilidades e a gente acaba por travá-las o tempo todo. Vamos mentalmente limitando nossas crenças, vamos acreditando que tem que ser do velho jeito que sempre foi, e não paramos para refletir, repensar ou agir ao invés de reagir. Ninguém para pra se conhecer de verdade. Não sabemos nem mesmo quais perguntas devemos fazer para nós mesmos porque na maioria das vezes temos medo da resposta.

Se naquele momento eu perguntasse para o meu amigo qual palavra definia a relação dele com sua família, ele não saberia dizer. E se eu provocasse a reflexão, perguntando se conexão era uma delas, ele fatalmente cairia no choro. Ele tinha perdido a conexão com a família, e consigo mesmo. Por isso surgiu a agonia e a insatisfação da vida.

"Você não consegue enxergar as possibilidades e oportunidades nesse Novo Mundo do trabalho nesse exato momento, porque para você trabalho virou sinônimo de penitência." - comentei. "Mas dá para fazer muita coisa. Dá para fazer um novo projeto e trabalhar por conta própria. Dá para fazer seu horário. Esse Mundo Novo permite tudo isso. Você tem que se reconstruir. Tem muita coisa legal para fazer. Permita-se entrar nesse Novo Mundo e tente deixar a carteira profissional de lado."

Eu costumo usar essa expressão: Novo Mundo. Acho que as pessoas precisam se reinventar. Precisam notar que estamos vivendo numa Nova Era, mas com os velhos costumes e hábitos. Muitas pessoas se acomodaram e acostumaram-se às velhas realidades, ao que já estava pronto. E não entendem que tudo pode ter um novo começo. Até uma nova profissão pode passar a existir quando se está disposto a mudar. Quando agimos, sonhamos, planejamos e percebemos todo o potencial que está escondido e que acumulamos ao longo do tempo.

Era engraçado como aquela expressão fazia parte do meu vocabulário, mas poucos entendiam.

"Novo Mundo?"

Alexandre parecia ter levado um choque.

"Sim, Novo Mundo. Antigamente as pessoas se formavam e só podiam atuar de uma determinada maneira naquela profissão. Por exemplo, uma pessoa se formava como advogado e ia trabalhar num escritório de advocacia. Um médico só poderia trabalhar em hospitais e clínicas. Hoje, existem mil possibilidades dentro de cada profissão. Estamos vivendo uma revolução profissional. E aliando a sua profissão à sua história, você consegue encontrar os ativos que podem transformar a sua vida e a sua carreira."

Transformação. Era isso.

Todo mundo podia se transformar. A partir de qualquer momento da vida.

Eu costumava dizer que as pessoas tinham que pegar todos os desafios ou momentos de provação que tinham na vida e transformar isso tudo em adubo. Plantar novas árvores. Podiam dar um grande salto. E tudo começava olhando para a própria vida. Olhando e encontrando cada ativo que existia nela. Um movimento contrário da maioria das pessoas que buscam soluções em ideias e negócios alheios.

Ele parecia intrigado e ao mesmo tempo curioso. Continuei.

"Você aprende na escola a seguir uma determinada cartilha de vida. Segue um roteiro que se perpetua pela faculdade. Sai da faculdade e quer entrar no mercado de trabalho. No mercado de trabalho você faz um tipo de coisa específica, e não tem problema nenhum nisso tudo. Mas as pessoas não percebem toda a bagagem que construíram nesse tempo todo. O que as faz especiais, o que torna você diferente do seu vizinho, do seu primo, mesmo que vocês tenham a mesma profissão."

"E o que é? " - ele perguntou, ansioso.

"A sua história".

Percebi que ele ainda não conseguia assimilar esse papo de história e ativos. Poucas pessoas podiam perceber isso que estava escancarado na cara delas. A história de vida de cada um traz tantos ativos que, só ao parar e escrevê-la, já dá para listar inúmeras coisas que podem ser grandes agentes de transformação. Eu, por exemplo, poderia ter aberto uma rede de microempresas de reforço escolar, ser um consultor de relacionamento entre pais e filhos, ter aberto uma empresa de terceirização administrativa para escolas, ou, ainda, ter aberto uma consultoria de *marketing* para escolas. Pois esses eram alguns dos ativos que tinha acumulado ao longo de todos os anos em que fui diretor escolar. Aprendi a lidar com tudo isso, mas escolhi o que mais me apaixonara, que era ajudar os adolescentes e jovens em suas escolhas profissionais.

A vida não é o que acontece só dentro do escritório ou no trabalho. A vida é uma jornada. E uma jornada é feita de pequenos e grandes momentos. Há coisas que

a gente descobre no momento de lazer, outras com a família. E ama. E aquilo se torna um ativo.
Tinha uma amiga que descobrira, escrevendo sua história, que seu maior ativo era cuidar. Ela adorava cuidar de pessoas, em diversas situações. Ela tinha isso muito forte dentro dela. Era uma inclinação natural que a fazia se sentir feliz. Por vários vezes, trabalhou em atividades voluntárias que preenchiam sua vida. Só quando ela resolveu finalmente entender que cuidar era o que ela mais gostava de fazer · cuidar de pessoas que estivessem precisando de cuidado – ela resolveu voltar a estudar e se tornou enfermeira. Só que ela não queria trabalhar em hospital. Ela queria levar o cuidado para a casa das pessoas. Então ela criou um serviço de *home care* com algumas amigas da faculdade e começou a divulgar para idosos através das redes sociais e internet. E funcionou bem. Além de ser um negócio financeiramente lucrativo para ela hoje, ele é parte dela. É no trabalho que ela doa a melhor parte de si. E isso só aconteceu porque ela encontrou ativos na história dela que deram pistas de qual caminho a faria mais feliz. Ah, é claro que ela sabia o estilo de vida que queria ter. E esse estilo de vida não era compatível com a rotina hospitalar. Foram alguns anos para tudo acontecer. Ela precisou investir em uma formação, num curso superior. Mas foi uma transição segura.

Onde ela estaria, em seu trabalho, se esses anos tivessem passado e ela não tivesse feito nada? Certamente ela estaria mais infeliz. Muito mais infeliz. E sem perspectiva de futuro.

Cada dia que passa é um dia a menos na sua vida. Entenda isso. E deixar passar um dia sem tomar o rumo da própria vida nas mãos pode ser desastroso.

Alexandre começava a entender o que eu estava falando.

"Sabe a diferença entre a nossa geração e a geração

Millenium? Essa garotada quebra isso. Eles entendem que o mundo é um manancial de oportunidades. Eles sabem decifrar o Novo Mundo. Eles não querem emprego de carteira assinada, nem ficar numa empresa por muito tempo. Muito menos aguentando chefes estúpidos. Querem experimentar muitas coisas novas, fazer parte da construção da vida, se unem com facilidade para desenvolver projetos, querem vencer. A única diferença é que, com tantas opções, às vezes eles se perdem."

Continuei.

"Hoje a grande oportunidade é a possibilidade de ver coisas diferentes e fazer diferente, pois tem mercado para todo mundo. Se você quer ficar no mundo corporativo ou não, não importa. O que precisa fazer é enxergar o que o mundo lhe propõe."

Ele logo retrucou falando de um amigo que saíra da empresa e estava desempregado há meses. Em pânico, tinha medo de que acontecesse o mesmo com ele.

"Estamos falando de casos completamente diferentes. Ele não tinha um plano B. Não se planejou para uma transição de carreira. Tem cara que para e fica em casa achando que vai entrar na internet e encontrar alguma oportunidade, e às vezes essa suposta oportunidade se refere a negócios que são muito bons para os outros, mas talvez não para ele. Não funciona."

Seus fantasmas ainda o assombravam. A idade era um fator que para Alexandre o limitava. Ele não percebia que podia começar o que quisesse com a experiência que tinha.

"Mas olha a minha idade, Maurício" – falou isso com uma cara de assustado, de quem estava perdido para o resto da sua vida.

"Cara, eu posso lhe contar várias histórias de pessoas que começaram um novo negócio aos 60 anos. Mudaram o *mindset* - a forma de pensar - e se adaptaram ao processo de mudança. Tem que abrir a cabeça e perceber que existe esse Novo Mundo. E que neste Novo Mundo, a experiência de vida e os aprendizados contam muito. O que você precisa é planejar, só isso."

Continuei.

"Quais foram os maiores aprendizados que você teve durante esse seu tempo de empresa? Cite três momentos que marcaram a sua carreira, onde você se superou, teve que ir além das suas possibilidades. Agora, pense como esses aprendizados poderiam servir para outras pessoas que estão passando ou vão passar pelo que você passou. Você acredita que elas ouviriam suas dicas, seus conselhos?"

Ele ficou pensativo e um pouco confuso. Mas aos poucos viu as possibilidades se abrindo. E provocar o cara a pensar era a minha missão. Eu não queria dar a resposta pronta para ele. Dar a vida mastigada. Precisava fazer com que ele pensasse. Só que ele não sabia de imediato o que queria. Era natural. Ninguém sabia.

Nos despedimos e ele continuava reflexivo.

Precisava voltar para o trabalho e combinamos de nos encontrar dali a uma semana. Eu tinha plantado uma sementinha. Sabia que ele não queria continuar naquela vida e tinha feito com que ele enxergasse que era possível mudar, que ele tinha todas as ferramentas para isso. Era só darmos o próximo passo.

Fui caminhando até a minha casa e minha mente fervilhava de ideias. Eu tinha milhares de coisas para dizer a ele, mas precisava ir com calma. Ele já tinha consciência do problema que enfrentava. O próximo passo seria se conhecer. E ninguém se conhece assim, do dia para a noite.

Poucas pessoas percebem que o autoconhecimento é algo tão importante. Poucos olham para si mesmos, refletem, se questionam. Muita gente vive sem saber qual é o propósito da própria vida. E isso é desastroso. Eu vejo isso diariamente. Pessoas insatisfeitas, frustradas, sem energia, trabalhando sem propósito, sem um porquê. Tendo rotinas absolutamente incompatíveis com aquilo que sonhavam para suas próprias vidas.

Chegando em casa, fui tomar meu banho e depois comecei a fazer a barba. De frente para o espelho, lembrei-me da minha história de vida e dos momentos de incertezas e angústias que também vivi, mas também dos aprendizados e descobertas que fiz.

O Maurício que eu via no espelho não se parecia em nada com aquele cara que tinha desistido da primeira faculdade, que tinha tido muitas dificuldades de se encontrar profissionalmente, que se sentiu perdido e sem esperança algumas vezes, que não encontrava propósito no que fazia.

Seria incrível poder viajar no tempo, encontrar a si mesmo no futuro e entender que as coisas seriam bem diferentes. E se eu pudesse voltar ao passado e me ajudar da forma que ajudo as pessoas hoje, teria sido mais fácil? Certamente, eu queimaria algumas etapas.

Quanto tempo eu teria poupado se tivesse ouvido meus próprios conselhos? Me fazendo descobrir quais os passos dar para não me perder, para não dar de cara com o chão?

Na verdade, eu sempre soube o que queria a longo prazo, só não sabia como fazer para chegar lá. Foram tentativas e erros até que eu descobrisse que o que eu mais buscava era o reconhecimento profissional, não era ficar cara a cara com um saldo bancário satisfatório. Era ser reconhecido pelo meu potencial de ajudar as pessoas, de ensinar, de contribuir.

Nesse instante, lembrei-me de um momento interessante da minha jornada profissional. Estava tomando um café em uma padaria próxima de casa com o meu irmão, quando uma senhora se aproximou e disse meu nome. Ela disse que talvez eu não me lembrasse dela, mas que a sua família lembrava de mim quase todos os dias. Ela era a mãe da Carol, uma menina que eu tinha atendido no início da minha carreira de orientador e *coach*.

Ainda posso ouvir o timbre da voz da mãe da Carol, emocionada, ao dizer que sua filha tinha escolhido o que realmente queria e se tornado uma pessoa feliz.

Era essa a recompensa e a gratificação que eu sentia depois de anos de trabalho. Saber o impacto que tinha provocado na vida de tanta gente. Mas eu queria mais. Queria que milhares de pessoas fossem impactadas. A jornada até aqui não foi fácil, mas faria tudo novamente. A recompensa emocional realmente supera a financeira, mesmo que esta siga sendo necessária para continuar a nutrir nossos sonhos.

Banho tomado, barba feita e mais um dia tinha se passado, com mais descobertas e aprendizados.

PINTANDO A OBRA-PRIMA DA SUA VIDA

No dia seguinte, longe dos meus devaneios, em meu escritório, uma pessoa me procurou:

"Seu Maurício" – dizia a voz do porteiro – "tem uma pessoa esperando o senhor aqui embaixo."

Não estava esperando ninguém. Achei estranho. Mas desci para ver quem era.

Na portaria, dei de cara com uma mulher que tinha por volta de seus trinta e sete anos.

"Lembra de mim?"

Em suas mãos, um pacote.

Minha mente começou a acessar as origens daquela lembrança. Não que eu fosse um mau fisionomista. Mas ela estava transformada.

"Sabrina?"
Ela veio em minha direção.
Lembrei-me do nosso primeiro encontro. Ela tinha sido uma das primeiras pessoas que atendi, ainda de graça, naqueles meses que atendera *pro bono* a fim de adquirir experiência.
Lá estava ela.
"O que está fazendo aqui?" – perguntei curioso.
-"Vim lhe agradecer" – ela disse, taxativa.
Sua aparência estava ótima.
As recordações iam e vinham. E de repente, eu me vi com ela dentro do meu escritório.
Sabrina era uma menina confusa que não imaginava o que fazer. Era jovem e se via no meio de um turbilhão de sentimentos.
"Eu não tenho talentos" - ela dizia.
E ela não era a única a dizer isso. Pelo meu escritório passavam dezenas de pessoas com o mesmo perfil. Pessoas que não sabiam encontrar seus potenciais e dar voz a eles.
Sabrina tinha crescido sob a sombra da irmã que sempre fazia tudo direito aos olhos dos pais. A irmã era sempre a mais inteligente, a mais educada, a mais esforçada, a que venceria na vida. Ela não acreditava que poderia ser protagonista da sua própria história.
Todo mundo acha que os outros têm competências e talentos e não consegue reconhecer isso em si mesmo. É comum. Lembrei-me de uma das primeiras estratégias que utilizei com a Sabrina. Pedi que ela olhasse para dentro da casa dela!
"O que é olhar para dentro da minha casa? " - perguntou.
É olhar para dentro de você, e descobrir o que precisa ser refeito. A gente tem mania de olhar para casa do vizinho e ainda dizer que a grama dele é mais verde que a nossa. Tem que olhar aí dentro.

A rotina dela era o que ela chamava de exaustiva. Tinha escolhido a faculdade de administração por não saber o que fazer, e havia se dado bem numa empresa até galgar uma posição de gerência. Mas se sentia exaurida. Sentia-se indo para a forca quando acordava de manhã. E sua energia ia para o ralo. Sabia lidar com pessoas, mas não gostava do que fazia. Sua habilidade de gerenciar pessoas tinha sido substituída pela de fazer planilhas e mostrar apresentações e resultados para a diretoria. E não tinha mais tesão em fazer isso. Fazia mecanicamente. E odiava.

Peguei um pedaço de papel e comecei a rascunhar "Qual a obra-prima que você deseja pintar da sua própria vida? Escreva isso".

Pedi a ela para responder:
- Quanto quero ganhar? Em quanto tempo?
- Onde quero estar daqui a 5 anos?
- Com qual tipo de pessoas desejo trabalhar?
- Que experiências quero viver em minha vida?
- Com quem eu desejo trabalhar?
- De que forma eu quero trabalhar?

Expliquei a ela que depois a gente passaria para a parte prática. Os passos para chegar lá. Mas o importante ali era reconhecer a própria história, extrair os ativos e pintar a própria obra-prima da sua vida.

Na sequência, ela perguntou: "Mas eu faço isso tudo enquanto estou na empresa? Em que momento vou arranjar tempo para isso?"

Sua pergunta era clássica, a típica desculpa que muitas pessoas dão para não seguir em frente.

"Sabrina, deixe-me lhe dizer uma coisa: não existe sucesso sem esforço. Se você quer fazer uma transição de carreira tem que fazer uma transição segura. Para começar, os finais de semana. No primeiro momento, você pode se sentir pressionada, mas depois vai ver o ganho e perceber como vai valer a pena mudar para viver a vida que deseja. A motivação tem algumas características. São coisas que te movem para a frente impulsionada pelas novidades aparentes. Quando você começar a enxergar essa luz no fim do túnel, vai entender o que isso significa. Você não quer mudar e dar certo? Ter um estilo de vida novo? Para chegar lá você vai ter que trabalhar. Ninguém fala que é fácil. Demora para chegar a esse ponto."

A expressão dela estava transformada.

"Eu demorei quase dez anos para chegar onde cheguei. Não tinha quem me questionasse, quem me ajudasse. Existe uma oportunidade lá fora, mas ela exige que você faça a sua parte. Não adianta visualizar 'n' oportunidades e não sair do lugar. Você fala que não teria tempo? Quanto tempo você passa navegando na internet de noite antes de dormir? Quanto tempo fica ali procrastinando e não fazendo nada, só olhando um monte de coisa sem saber o porquê. As pessoas dizem que não têm tempo, mas ninguém precisa almoçar uma hora quando está num processo de transição. Almoçar uma hora é um luxo para quem está no processo de mudança. Quem quer vencer tem que se dedicar bastante."

Ela arregalou os olhos.

Eu entendia aqueles bloqueios. Eram o medo de ter que abrir mão de algo. De ter que enfrentar a dor. O medo da luta. Mas sem botar a mão na massa não tinha como as coisas mudarem. E ela precisava entender isso. Precisava investir seu tempo nesse processo de mudança. Senão, ele não aconteceria.

"Pois é. Dormir é necessário. Estar com a mente boa é necessário. Alimentar-se é vital. Porém, nos momentos de investimento de mudança, você vai ter que abrir mão de algumas horas de sono em algum dia, de uma hora de almoço no outro. Quantas coisas produzi de madrugada, durante o período que estava muito motivado em me tornar um profissional reconhecido."

Sabrina começava a entender onde eu queria chegar.

"O que a fez chegar onde você chegou? O que a fez desenvolver as competências que tem hoje? Aposto que depois que você se colocou no mercado você se acomodou."

Ela balançou a cabeça positivamente. Tinha parado de estudar, de se renovar, de fazer cursos, se reciclar. E não tinha motivação para recomeçar. Era um círculo autodestrutivo que muita gente vive. Não gosta do que faz, então não encontra motivação para fazer cursos de atualização profissional, buscar novos conhecimentos que fizessem com que melhorasse na área de atuação, então ia ficando para trás.

"Sabrina, para mudar tem que recomeçar esse processo, isso é o que eu chamo de ciclo do sucesso. Tem que ter um desejo de mudança, aquele que vai criar esse engajamento e fazê-la trabalhar dia e noite sem que ninguém peça a você. É aquela coisa que você vai fazer e não vai cansá-la porque é aquela coisa pela qual você está apaixonada naquele momento. É aquilo que vai preenchê-la ao invés de cansá-la, que você vai correr para fazer nas horas vagas, simplesmente porque lhe dá prazer estar envolvida com aquilo."

Os olhos dela brilhavam. Ela sabia que, a partir do momento que se dispusesse a fazer algo de que gostava, a coisa ia mudar de figura. O tempo é diferente quando a gente está imerso numa coisa que nos dá prazer. É o tal do estado de *flow*. Você deve conhecer esse estado. Quando faz uma coisa de que gosta e nem sente as horas passar. Grande músicos concentrados, criando suas composições, entram em *flow* com facilidade.

"Obrigada."

Olhei para ela. Aquela conversa tinha sido há cinco anos. E estávamos ali, frente a frente, mais uma vez.

"Eu ia morrer se não tivesse me reinventado. Eu estava murcha, infeliz. Eu não sabia o que fazer da vida. E eu não achava que podia mudar. Eu tinha o fantasma da minha irmã me assombrando, como se ela fosse a única da família capaz de ter sucesso em tudo que faz. A única diferença era que ela sabia o que queria. E eu ainda não sabia naquela época. Mas você me fez enxergar."

"Depois disso, eu comecei a ver que tinha gente ganhando dinheiro fazendo aquilo que eu descobri que queria fazer e vi que não ia adiantar ficar em casa criando fantasias, pensando se dava dinheiro ou se tinha mercado. Tinha que entrar no jogo."

"Foi difícil me libertar daquelas crenças todas e recomeçar meu novo ciclo. Mas hoje estou aqui para lhe agradecer!" - ela comemorou com os olhos marejados.

O CICLO DO SUCESSO

Até agora, falamos da importância de você utilizar sua história de vida a seu favor, extrair os ativos e viver o estilo de vida que você deseja. Porém, após fazerem isso, muitas pessoas acabam desistindo de seguir em frente. Ou acabam ficando estagnadas nas armadilhas dos seus pensamentos, em suas crenças limitantes.

Nesse instante, você deve estar se perguntando: mas então como faço para sair dessa, como consigo energia, motivação e força para começar a minha jornada? Essa resposta está na vida das pessoas de sucesso.

Você já reparou o que diferencia as pessoas de sucesso, com brilho no olho, das demais? Essas pessoas, embora tenham dinheiro e não precisem teoricamente se reinventar o tempo todo, estão sempre surpreendendo.

Veja os bilionários que escreveram livros e mais livros contando suas fórmulas de sucesso. Eles nunca param. Não existem barreiras que eles não possam vencer. Os desafios só os deixam mais animados. São pessoas que vivem e respiram desafios. Como se aquilo os deixassem vivos. Assemelham-se a leões em busca da caça.

Durante muito tempo, observei esse aspecto interessante da personalidade das pessoas que atingiam o ápice em suas carreiras. Aquele ponto que chamamos de sucesso, que todo mundo quer tocar, sentir, viver. E é realmente uma experiência forte e intensa vivenciar aquilo que a gente sonha por tanto tempo.

Costumo dizer que existem alguns 'seriais empreendedores'. São os caras que inventam ideias e mais ideias de negócio. Incansáveis e indomáveis. Não acreditam na palavra não. E não descansam nem quando estão no topo de suas carreiras.

É inspirador, quando a gente percebe que existem milhares de atividades que podem preencher nossas vidas. Eu mesmo descobri várias, só que resolvi focar somente em uma.

O que quero lhe dizer agora é que você provavelmente já teve sucesso numa empresa em que trabalhou, no seu empreendimento ou com a sua equipe. De alguma forma, todos nós já tivemos sucesso na vida. E a gente nunca para para pensar nisso.

Você tem todas as ferramentas para avançar e ter sucesso novamente. Mas, afinal, que forças são essas que nos impulsionam para ter sucesso? Que etapas são essas, tão importantes e que nos levam a esse sucesso?

Quando a gente começa alguma coisa, a motivação vem como uma explosão. É tanto fascínio e vontade de fazer aquilo virar realidade que não vemos barreiras, não sentimos o peso das noites em claro. É como entrar em cena num teatro lotado. Dá frio na barriga, mas dá uma sensação de poder. De estar agindo, apesar do medo.

Só que, na maioria das vezes, depois de começarmos um projeto qualquer, o tempo vai passando e as coisas tendem a ficar normais. O dia a dia vai fazendo com que a gente sinta mais uma vez aquele velho e bom tédio. E a gente se faz as perguntas: o que, afinal, está acontecendo? Por que acabou o tesão? A vontade de fazer acontecer?

E por isso eu lhe aviso desde já: quando acabar aquela emoção inicial, aquela dedicação e tudo passar a ser normal novamente, mesmo com novos sonhos, novos impulsos e uma nova rotina, você tem de parar e entender o que está acontecendo.

É nessa hora que muita gente fala que está desmotivado com o emprego, com o negócio, e que não vê mais desafios. E aí, essas pessoas param, acreditando que nada mais vai ser como antes. São pessoas que já fizeram sucesso e não sabem como reconquistá-lo. Isso pode acontecer agora ou já ter acontecido na sua vida. E acredite: tem como ficar atento e não deixar que isso te abale.

Por que estou contando isso agora?

Porque quero que você entenda, de uma vez por todas, que existem três etapas que te levam ao sucesso. E é delas que vou falar agora para que fique claro que, se você não ficar atento, pode deixar o barco afundar mais de uma vez.

A etapa do querer é a primeira delas.

Toda vez que você começa algo, fica maravilhado. E isso é bom, faz parte do processo, principalmente porque alimenta sua alma, faz você ficar energizado, feliz, e dar passos mais firmes com aquele sonho em sua mente.

Quando me formei em *coaching* eu senti isso. Saí de lá achando que ia conquistar o mundo. Porque mexe muito com a gente. Você passa a visualizar novas possibilidades, percebe quanta gente pode ajudar e isso me estimulou a fomentar um desejo interno de mudar o mundo. Aquilo me inchou. Como eu via tantas pessoas descontentes no trabalho, sabia que eu precisava contribuir para que elas mudassem de vida ou entendessem os momentos pelos quais estavam passando.

E esse desejo me mantinha acordado, mas manter esse desejo não é tão fácil quanto parece, porque várias coisas vão acontecendo, você precisa manter o seu estado emocional em alta, mas ele não permanece do mesmo jeito por tanto tempo. O dia a dia é implacável e aquele desejo vai murchando, você vai voltando à normalidade. Aquela empolgação que alimentamos, lá no começo, passa.

Mas do que a gente precisa para acordar cedo e motivado todos os dias? Para trabalhar e viver uma vida que tenha a ver com aquilo que a gente sonhou?

Não é o desejo que nos motiva, que nos impulsiona, que nos faz crescer, sonhar mais, e sim o querer. O querer transformar a nossa vida em algo melhor, algo que faça sentido, que tenha a ver com a gente.

O segundo ponto é o desenvolvimento.

Quando comecei a fazer cursos de *coaching*, queria me matricular em todos os outros que complementariam o que fiz, queria me desenvolver ao máximo. Fazer mais e mais cursos. Isso acontece quando o nosso interesse é tão grande que a gente só quer viver disso. Fazer mais coisas que nos levem àquele estado de *flow* inicial, ao extremo interesse. Isso é o que dá aquele gás. E é importante viver isso. É inevitável, eu diria. Porque queremos ler mais, levar material para todo canto e sentir aquilo todos os dias.

Porém, essa etapa tem uma armadilha, que costumo chamar de armadilha do conhecimento. Eu já caí nela, você já sabe disso, se leu as primeiras páginas do livro. Estudar, estudar, estudar e estudar, e não entrar em ação.

Muitas pessoas são pegas por essa armadilha, e

acabam não seguindo em frente. Você já deve ter reparado algum amigo, conhecido, ou até familiares que possuem um currículo invejável, mas continuam tendo dificuldades para vencer. Isso é mais normal do que se pensa, principalmente nesse Novo Mundo.

A terceira etapa é a mais forte – a etapa do engajamento.

Para chegar a qualquer lugar, precisamos estar engajados. Sem esse ingrediente, nada feito. É o que faz você se mover, querer estar lá, respirar isso. Só que existe um grande problema nessa fase: quando estamos nesta etapa de engajamento, assumimos projetos e compromissos que não deveríamos assumir. Essa é a armadilha dessa etapa. Costumo dizer que quem gosta de pessoas e quer ajudar é um alvo fácil para se perder e desfocar do que é importante.

É nessa etapa que você começa a entrar na parte prática, testar os seus aprendizados, recolher os frutos plantados, respirar e viver o que você construiu. Nessa etapa, muitas pessoas esquecem até que têm amigos e família, trabalham muito, por prazer!

Porém, depois de um tempo seu potente avião começa a planar e viajar numa velocidade constante, cruzeiro. Se você não se der conta, vai passar muitos anos dessa forma.

E aí que você se pergunta mais uma vez: cadê aquela aceleração inicial? Aquele arranque? Aquela motivação?

Nessa hora é que você deve se perguntar:

O que me trouxe até aqui?

Foi a soma desses três fatores – querer + desenvolvimento + engajamento. É a hora de recomeçar.

Isso sempre vai acontecer. De tempos em tempos. Por isso, fique atento.

PARTE II
PROMOVA A SUA MUDANÇA

O PODER DO SONHO

Eu estava diante de um cara que já tinha escrito a própria história, encontrado os ativos na vida dele, mas queria jogar tudo aquilo fora. Descartá-la como uma roupa velha e usada que não servia mais e nem cabia naquele novo corpo.

"Eu me dei conta de que a minha vida foi interessante. Tive coisas legais, tenho potencial para fazer um monte de coisa que já fiz. Mas não é nada disso que eu quero para mim daqui em diante. Estou perdido, Maurício."

Eram raros os casos de pessoas que revisitavam a própria história de vida e não despertavam a atenção para os ativos potentes descobertos lá, aqueles que invocam uma espécie de poder para começar algo novo.

Mas eu conseguia entender aquela aflição. Já tinha vivido aquilo na pele.

O Ronaldo era um cara de 35 anos que tinha vivido a vida que seus pais idealizaram para ele até aquele instante. Tinha se formado em Direito porque seus pais eram advogados. Fez a faculdade, emoldurou o diploma e foi trabalhar no escritório, tendo aquela vida planejada que não tinha absolutamente nada a ver com os valores e ideais de vida dele. Mais cedo ou mais tarde, a corda ia arrebentar. E quando arrebentou, achou que não tinha mais o que fazer.

Era cético em relação às mudanças, porque não via nenhuma possibilidade que lhe agradasse. O remédio nesses casos era construir uma nova história.

"Mas como faço isso?" - Ele perguntava, aflito, como tantos outros.

De certa forma, eu entendia aquela dor. A dor de estar trilhando um caminho que não é seu. Na escola da minha família, era comum eu me sentir um peixe fora d'água, quando percebi que estava na hora de desapegar daquela carreira e começar uma nova.

Tinha construído uma vida ali dentro, feito faculdade, implementado coisas, mas percebia que a única solução para ser feliz, ser eu mesmo, era deixar de lado o que não tinha a ver comigo. Mesmo assim, eu levava alguns ativos comigo. Entendia o que naquela história podia me ajudar a construir um novo futuro, uma nova carreira. E foi aconselhando jovens a escolherem suas profissões que percebi que o que eu queria era focar em ser orientador e *coach* de carreira. Era uma escolha que me trazia inúmeras possibilidades.

Se eu soubesse que tudo ia dar certo, teria entrado com uma velocidade maior e não demorado tanto para colocar as coisas em prática. Mas eu não tinha um Maurício ao meu lado.

"Você acha que se conhece o suficiente?" - perguntei ao Ronaldo.

Ele se esquivou.

"Quem não se conhece não sabe optar. E quem não sabe o que quer é levado para onde os outros querem que ele vá. Eu via isso na escola. Jovens indecisos com a profissão que queriam escolher, desesperados para tomar uma decisão consciente, mas contaminados com as expectativas dos pais. Você foi levado para esse caminho. A sua história agora, essa que você quer construir, passa por reconhecer o que quer fazer com as experiências que adquiriu, com os aprendizados que teve."

Antes de qualquer tomada de decisão, eu sempre alertava para que as pessoas filtrassem ruídos externos, influências, principalmente as negativas.

"Deixe de lado o que dizem para você fazer. Deixe de lado as pessoas que querem 'ajudar', dando conselhos para tirá-lo dessa indecisão. O processo é seu. Você precisa viver isso. Se queimar etapas, vai acontecer a mesma coisa que aconteceu quando escolheu a faculdade de Direito. Alguém vai escolher a carreira para você, seu futuro e tudo mais. Mais uma vez."

"Quando você se conectar com você, vai entender o que quer e descobrir seu propósito de vida, que alguns chamam de missão. E garanto que uma vida com propósito é uma vida bem mais feliz. Aquela vida que você acorda de manhã e vai dormir com a sensação de que a maior parte do tempo, mesmo quando trabalhando, está realizando algo maior. Algo que vai construir uma coisa que vai além da própria existência. Algo que fica, que impacta, que transforma." · continuei.

"Eduardo, já vivi isso na pele, já passei por momentos fortes de decisão e ainda continuo. Nossa vida é cheia desses momentos. Deixe-me lhe contar um segredo. Quando comecei a fazer orientação profissional e depois *coaching* de carreira, a minha maior preocupação era saber se realmente estava bem comigo mesmo, com a decisão profissional que eu tinha tomado. 'Imagina, se eu vou ajudar as pessoas a ficarem bem resolvidas e fazerem escolhas profissionais, preciso estar com a minha vida resolvida, porque se eu não estiver com a vida resolvida, como posso falar com propriedade para as pessoas?" Essa era a minha maior preocupação. E depois veio a preocupação como treinador.

Foi nessa época que entendi que o que mais importava era a congruência. Ser aquilo que eu falava. Para que eu pudesse promover mudanças e deixar pessoas felizes, tinha que fazer as mudanças na minha vida e estar feliz com elas. Isso iria transpirar confiança. Isso iria fazer o resultado do meu trabalho ser mais eficaz.

Quem me vê hoje, com flexibilidade de horário, almoçando e jantando todos os dias com a minha família, saindo para passear com meu filho, praticando esportes e fazendo academia quase todos os dias, pergunta-se como consigo ter essa qualidade de vida, mesmo com tanto trabalho. E, além disso, como consigo fazer dinheiro sem ter um estilo de vida massacrante.

A resposta é que eu não utilizei nenhum sistema de metas reconhecido mundialmente, não porque não acreditasse neles, mas porque achava que sonhar, e sonhar alto, era o que iria me mover na direção correta. E o primeiro paradigma que quebrei foi deixar de lado a meta SMART para criar um outro mecanismo. Entender que o importante era o sonho seguido da inspiração e da vontade de viver o que vivo hoje. E isso veio com muito suor e lágrimas. Só quem esteve ao meu lado sabe o quanto custou, quanto foi duro durante o processo, quantas vezes quis jogar tudo para o alto e desistir.

E é importante saber disso: todas as pessoas de sucesso, em todas as áreas, sofreram um dia. Sofreram quando estavam no processo de sair da zona de conforto, por mais dolorosa que fosse, para crescer, olhar para o horizonte e tentar identificar como fazer para chegar onde queriam chegar. Mas elas tinham um sonho. Todo mundo tem sonhos. Porém, sonho sem ação é sonho morto. Não adianta só estudar ou colocar metas e sonhos no papel. É preciso coragem para dar os primeiros passos, pois é essa coragem que vai movimentá-lo para o lugar onde você quer estar.

Para mim não foi fácil dar esse primeiro passo, pois na época eu estudava muito. Ao me ver estudando tanto, meu irmão perguntava: "Maurício, você não vai colocar tudo isso em prática? O que vai fazer com todo esse conhecimento?"

Na verdade, parecia que eu estava parado, preso ao ciclo do conhecimento, mas o fato é que eu já tinha claro o que queria para minha vida. O primeiro passo já tinha sido dado, mesmo ele não sendo aparente. Foi o passo de visualizar o estilo de vida que queria, pintar a obra-prima da minha vida.

"Essa é uma forma de se permitir, de sonhar livremente sem colocar imposição nenhuma". A grande verdade é que a maioria das pessoas não se permite sonhar sem se criticarem. Viram reféns, não conseguem avançar. Não conseguem apagar o passado e seguir em frente.

É muito importante que você se permita fazer isso,

alguém me disse um dia. E isso me fez perceber que às vezes não nos permitíamos nem ao menos sonhar. Ficamos tão presos às nossas próprias indagações e questionamentos, que não terminamos o nosso sonho. No dia em que soube que Walt Disney tinha escritórios separados, um apenas para criar e outro para julgar e executar, entendi o que era preciso fazer. No campo dos sonhos não cabiam julgamentos, não tinha que pensar em como fazer aquilo dar certo. Na sala de sonhar, a ordem era sonhar. Sendo assim, quando eu sonhava, eu sonhava alto.

"E você pode se permitir sonhar" - eu disse ao Ronaldo. "Todo mundo pode. Sem bloqueios, sem medos, sem saber se aquilo é mensurável, se dá para realizar ou quanto tempo levará. Isso é um próximo passo. Tem que sonhar sem limitações, porque quando a gente coloca um sonho diante da gente e tenta se perguntar se dá para realizar, a resposta vai ser um balde de água fria."

"Muita gente sonha, e sonha muito, mas não coloca em prática. Costumo chamar isso de "Síndrome da beira da cama". Sabe aquela pessoa que acorda todos os dias, senta ao pé da cama, começa a sonhar com tudo o que queria para sua vida, depois levanta, toma banho, escova os dentes, toma um café, sai correndo para o trabalho, e lá esquece tudo que sonhou? No dia seguinte, esse ciclo recomeça."

Ronaldo olhou pra mim e deu aquela risada do tipo: "Sou eu!"

Continuei.

"Sonhar é mais do que ver uma simples parada da sua vida no futuro. Sonhar é visualizar, com todos os detalhes possíveis, com cores, cheiros e sons. Eu sei que muita gente vê isso como 'blá blá blá' de gente alternativa. Mas esse é o sonho que realmente dá certo".

Toda vez que vejo alguém apegado a uma história de vida ruim, sem conseguir avançar em direção alguma, relembrando os velhos sofrimentos ou se colocando em situação de vítima da vida, percebo como temos sempre a escolha nas nossas mãos.

INSPIRAÇÃO, COMBUSTÍVEL PARA A MUDANÇA

Conheço inúmeras pessoas que fizeram do limão uma limonada. Uma delas é o meu grande amigo Jober Chaves. O Jober é um cara inspirador, que começou a vida como *office boy*, numa época em que não existiam motos para fazer o serviço, e hoje é um milionário bem-sucedido, fundador de um instituto que ensina inglês para jovens em escolas públicas e desenvolveu um método *online* em que as pessoas aprendem o idioma em oito semanas.

Por que estou contando isso?

Porque ele é o típico cara que poderia ter escolhido ficar no sofrimento. Era pobre, não tinha muita perspectiva de vida, sofria preconceito por ser negro a tal ponto que era chamado de trombadinha quando entrava num ônibus. Quando finalmente ingressou numa empresa e conseguiu vislumbrar a possibilidade de ser promovido, ele não aceitou.

Mas por que ele não teria aceitado?

O Jober foi até a sala da diretoria, conheceu o estilo de vida do diretor, perguntou a ele quanto tempo ele levou para conquistar aquilo e viu que em dez anos o cara estava um pouco melhor que ele. E ele não queria aquele estilo de vida em dez anos. Aliás, ele nem queria aquele estilo de vida. Ele queria mais, e esse mais era o que o inspirava.

Foi nesse momento que ele saiu da empresa ao invés de aceitar a promoção e foi bater cabeça por aí, errando e aprendendo muito até encontrar o seu próprio caminho. A única coisa que o movia era o estilo de vida que ele queria ter, além do patrimônio que queria construir. Essas eram suas inspirações.

Como muitos sabem, ele acabou se tornando milionário, perdeu tudo, adquiriu uma dívida de mais de um milhão de reais, mas recomeçou do zero até se tornar milionário de novo.

E por que algumas pessoas se perdem no sofrimento, enquanto outras se levantam? Por que alguns simplesmente ficam estagnados quando algo não dá certo, enquanto outros olham para a própria história, conseguem perceber os ativos dentro dela, o que os levam a construir um futuro próspero, deixando o passado para trás, utilizando os erros e sofrimentos para trazer força para uma nova jornada?

Muita gente escolhe simplesmente a posição de vítima da situação, ao invés de entender que é a protagonista da própria vida, que pode dirigi-la, olhando para o horizonte, sabendo onde se quer chegar e observando os avanços.

Todos temos sonhos. Ninguém é uma ameba que não tem sonho nenhum. Alguns sonhos são mais ousados. Outros mais tímidos. Mas não importa o tamanho do sonho, ele irá movê-lo até onde você quer chegar. É a força dessa inspiração que faz qualquer pessoa seguir em frente.

Hoje sou reconhecido no mercado por formar *coaches* de carreira. E faço isso com profissionais de todo o Brasil através de treinamentos *online*. Esse era o meu sonho.

No meu sonho, eu também estaria em horário nobre na maior emissora do Brasil falando sobre carreira. Boa parte de tudo que eu sonhei se realizou, e isso aconteceu porque eu tinha muitas coisas que me inspiravam.

Minha grande inspiração era viver uma vida em que eu pudesse ter mais flexibilidade de horário, ter uma empresa com poucos funcionários ou mesmo nenhum, que dependesse mais de mim e do meu talento, e na qual eu ganhasse dinheiro para ter uma vida digna. Para chegar lá, era preciso que eu me espelhasse em pessoas de sucesso que faziam aquilo que eu queria fazer. Eu seguia esses profissionais, assinava suas *newsletters*, assistia aos seus vídeos e realmente aplicava tudo aquilo na minha vida. Sem ter uma grande inspiração, eu certamente não teria saído do lugar. E hoje digo para as pessoas o quanto isso é importante na vida delas.

CONSTRUINDO A SUA JORNADA

O que fizemos até agora foi montar uma fundação teórica. E o que é uma fundação? Batemos algumas estacas antes de começar a construir um prédio, seja de qual altura ele for.

Você, nesse momento, já conhece a sua história, já sabe seus ativos, já entendeu que sonhar é muito importante e as inspirações são aquilo que irão movê-lo.

Agora, vamos começar a construir a sua jornada. Algumas coisas são muito importantes nesse caminho e uma delas diz respeito a ser autêntico. Poucas vezes eu vi alguém tendo sucesso por muito tempo fingindo ser quem não era. A sua autenticidade é que vai levá-lo mais longe, simplesmente porque é ela que vai conectá-lo com aquilo que você tem.

É importante fazer esse compromisso consigo mesmo, o de ser autêntico o tempo todo, custe o que custar. Porque cada ser humano é único, tem sua história, seus ativos, seu talento, suas habilidades e sonhos. E o que nos difere uns dos outros e nos torna especiais é justamente o fato de não sermos iguais.

Só que, de vez em quando, é fatal que a gente

imagine que é preciso mudar alguma coisa para entrar em cena em determinado lugar. Eu mesmo, certa vez, gravando um vídeo para o meu canal de vídeos da internet, percebi que meu *cameraman*, o cara que estava filmando, estava com expressão de quem comeu e não gostou e pediu para eu parar. Paramos e ele pediu que recomeçássemos. Perguntei o que ele estava achando e ele respondeu:

"Você não está sendo você."

Era isso. Na tentativa de gravar o conteúdo, eu foquei em quem ia ver a mensagem ao invés de focar na mensagem e ser eu mesmo transmitindo aquele conteúdo. E acabei me transformando em outra pessoa que não era eu. Isso acabava por me desconectar. Mas ser a gente mesmo é um treino. E às vezes, a gente não escapa. Em determinados momentos, acabamos fazendo coisas de determinadas maneiras justamente para sermos aceitos porque achamos que a pessoa que está diante de nós vai nos aceitar melhor se formos daquele jeito. E assim vamos perdendo nossas características mais preciosas.

Eu tive uma amiga que até estava empenhada em fazer uma mudança, mas ela se distraía demais pelo meio do caminho e, mesmo quando estava na rota certa, sempre tinha algo que a desviava da rota e ela perdia tempo, muito tempo. O sonho dela era ser fotógrafa. Ela adorava fazer fotos de pessoas, lugares, era a fotógrafa oficial das festas de amigas. Mas trabalhava numa agência de propaganda. E dizia sempre que até o fim do ano ia sair para fazer um curso de fotografia e se dedicar à nova área. O plano era se formar como fotógrafa e depois fazer um canal na internet sobre fotografia para iniciantes.

Ela era boa de ideias, então via como fazer daquilo um negócio. Mas as coisas na agência começaram a apertar. O plano de estudar fotografia foi pelo ralo porque ela assumiu novas responsabilidades na empresa. E, quando se deu conta, percebeu que tinha se passado muito tempo, que ela tinha se tornado uma pessoa diferente da que queria ser. Tinha assumido um cargo de liderança, começou a se vestir como executiva, tinha se tornado uma mulher dura, engessada, com roupas escuras, ternos e calças. E isso não se parecia em nada com aquela pessoa com ar de liberdade, camisa xadrez, roupas leves e confortáveis, que viajava estrada afora para fotografar a vida em viagens inesquecíveis.

Eu me lembro da expressão dela, quando se deu conta de que tinha saído da rota. Quando se viu espremida numa sala cinza, com um estilo de vida que odiava, uma roupa que não refletia o que ela era, uma casa mobiliada para atender parceiros de negócios. E me lembro também da crise que veio ainda mais forte nesse momento. Tudo isso porque ela sabia onde queria chegar, mas se desviou da rota porque não estava comprometida com a sua autenticidade, o que a levou a se tornar a pessoa que os outros queriam que ela fosse. E essa pessoa era bem diferente daquela que ela queria ser.

Por que estou contando isso?

Porque eu não quero que isso aconteça com você!

Mas agora é hora de entrar em ação, entrar em campo. De início, seu cérebro vai querer mantê-lo na zona de conforto. Mas a ideia é exercitá-lo a sair dessa região perigosa, e levá-lo em frente. Eu quero ir além. Quero que você se transforme no seu dia a dia. Eu vou trazer para você um método simples, porém muito poderoso, que vai ajudá-lo a realizar uma transição de carreira segura.

Pois bem, pare tudo que está fazendo e se comprometa a partir de agora e pelas próximas semanas a fazer algo que você nunca fez. Vamos começar a construir a sua jornada, o caminho para você promover uma verdadeira transformação em sua vida. E esse caminho começa com a definição clara do seu propósito de vida, de selecionar as pessoas certas para ajudá-lo a iniciar novas práticas, ações que o levarão a viver a vida dos sonhos. Para isso, basta você seguir as três etapas a seguir.

OS 3 P's da mudança

Propósito

Outro dia, estava assistindo a um programa de TV e vi uma entrevista com um grande empreendedor. Ele tinha deixado o cargo de diretor de uma grande multinacional para inovar em um novo segmento. Quando o repórter perguntou a ele o porquê daquela decisão, ele tinha a resposta na ponta da língua:

"Porque naquele lugar eu não encontrava meu propósito de vida."

Propósito parece ser a palavra da moda. Muita gente fala, poucas sabem de fato o que é, e uma pequena parcela consegue identificar o próprio propósito de vida e colocá-lo em prática.

Se eu lhe perguntar agora qual é o seu propósito, talvez você não vai ter a menor ideia do que responder. E nem como começar.

Muita gente confunde propósito com meta ou com sonho. E são coisas diferentes.

Certa vez, vi uma matéria sobre uma mulher por volta dos 60 anos, que tinha trabalhado a vida toda num banco. Mas ela tinha um grande sonho: ser atriz. Desde pequena, sonhava com isso, mas a vida tinha se encarregado de levá-la para outro caminho. Tinha tido três filhos, criou-os como podia, e se afastou um pouco do seu sonho. Porém, aos finais de semana, levava as crianças para os ensaios de teatro e as deixava assistindo na plateia. Ela nunca deixou os sonhos de lado pelos filhos e continuou acreditando que podia.

Aos cinquenta anos, ela se formou atriz. E passou não só a atuar, como viajar com peças de teatro, produzir espetáculos e se profissionalizar nisso. Ela havia descoberto, através do sonho, o estilo de vida que queria e não se acomodou, apesar de todos dizerem que era tarde demais para tentar aquela nova profissão. Mas quando questionaram qual era o propósito dela, ela respondeu: "Ser uma pessoa plena, realizada, produtiva e feliz, e espalhar essa alegria para o mundo através dos meus espetáculos."

Era isso. Essa clareza de propósito fazia com que ela realizasse seu sonho e construísse seu estilo de vida. Aquela mulher estava tão alinhada com seu propósito que provavelmente nada a tiraria do rumo. Mesmo tendo executado um trabalho completamente mecânico durante anos, não engessou seus sonhos e deu asas a eles assim que encontrou as condições ideais para seguir em frente. E mesmo quando essas condições não eram ideais, ela dava pequenos passos em direção ao que queria. Porque sabia onde queria chegar.

Só que muita gente não sabe onde quer chegar. As pessoas estão perdidas e tristes por isso, pela falta de propósito. Não é o trabalho que é maçante ou chato. É que parece faltar um significado maior para aquilo em que estão realizando. E, acredite, não existe nada que aprisione mais a alma que estar num lugar fazendo algo que o seu coração não acredita.

Muita gente não sabe qual seu propósito de vida e confunde as estações. Já atendi gerentes de multinacionais que diziam que não viam a hora de pegar a cadeira de diretor, e eu ficava só imaginando: "Será que é isso mesmo que ele quer? Será que ele tem noção dos desafios que vai ter no meio do caminho? O que será que ele está buscando com aquele cargo?"

A ilusão de que a cadeira de diretor vai trazer reconhecimento profissional, estabilidade financeira e felicidade faz com que muitos se frustrem quando chegam lá. E muitas vezes os profissionais nem precisam chegar lá para identificar que não é aquilo que querem.

A falta de propósito no trabalho tem vitimado milhares

de jovens e adultos. Pessoas que estão cansadas, vivendo no mesmo *modus operandi*, acordando mecanicamente para cumprir tarefas, e indo dormir sem entender porque passaram aquelas dezesseis horas acordadas. Vivem como zumbis ou sonâmbulos. Pessoas que pegam o mesmo trajeto todos os dias, conectadas ao celular ou a algo que as faça fugir da realidade. Porque a realidade é massacrante. Chegam ao trabalho, sentam diante do computador, esperam as horas passar, ocupam o tempo com distrações, almoçam e saem exaustos, loucos para chegar em casa, ligar a tv e dormir. E assim seguem por anos. A vida parece não ter sentido.

Quantas pessoas você não conhece que vivem desse jeito? Pessoas que parecem estar distraídas, que não estão presentes para o milagre do agora e deixam a jornada de lado acreditando que aquele trabalho vai levá-las a algum lugar?

Diariamente, não por acaso, acabo conversando com dezenas de pessoas que me relatam as mesmas sensações. E é urgente que todos parem para refletir o que estão fazendo com as suas vidas. São pessoas que não acreditam que existe um jeito melhor por aí de fazer as coisas, continuam agindo do modo antigo.

A primeira pergunta que você deve se fazer para identificar seu propósito é muito simples: se você tivesse agora a oportunidade de SER o que você deseja SER, quem você queria SER?

Calma que a gente vai chegar lá.

Quando me fiz essa pergunta, a resposta era clara, pois eu logo pensei nas qualidades que eu admiro em mim. Eu quero ser uma pessoa honesta, inspiradora, alegre, autêntica e com alta capacidade de ajudar as outras pessoas. E só o fato de eu responder isso já me esclareceu muita coisa. Por mais que isso fosse óbvio na minha mente, o fato de eu ter me confrontado com essa pergunta me fez olhar mais para dentro ainda.

Pois o que menos importava era o que os outros me falavam, e sim aquilo que EU queria ser. Na verdade, eu só confirmei para mim que eu queria ser eu mesmo. Eu só avisei a minha mente para que ela trabalhasse com foco nisso.

Lembro-me de uma autora de livros que disse que resolveu pedir demissão na hora que entrou na empresa e percebeu que a sua alma havia ficado da porta para fora. Ela usou essa frase para descrever o que muitas pessoas sentem em suas vidas. Ela tinha um propósito tão diferente da empresa na qual trabalhava, que quando entrava ali não conseguia nem ser ela mesma. Nem se doar completamente ou trabalhar com paixão.

E é claro que a vida vai mal quando a gente não faz o que gosta ou não é quem gostaria de ser. Experimente por alguns dias fingir ser outra coisa que não tem nada a ver com você e veja se não se sente cansado.

Quando você deixa de ser você, deixa de ouvir a sua essência, a sua vida vai mal. E você não entende porque tem de ser de outro jeito naquele lugar, e aquilo vai te deixando esquizofrênico. Você parece ter duas personalidades. É uma pessoa em casa e outra no trabalho. Veste máscaras e máscaras para se adaptar aos lugares. E não se sente bem em nenhum momento, porque para ser feliz a gente tem que se aceitar e entender o que a gente é e o que quer ser.

Existem pessoas que trabalham em empresas aparentemente bacanas, e mesmo com chefes incapazes de gerir pessoas, continuam na mesma cadeira, massacrando-se dia após dia. As pessoas veem potencial naquele cara, vivem dizendo isso, mas quando essa pessoa pede demissão, é uma surpresa para todo mundo. Porque todo mundo achava que estava tudo bem com aquela pessoa, que aquele funcionário estava feliz ali. Mas não era a realidade.

Por que isso acontece?

Porque aquela pessoa não estava sendo autêntica nem honesta. Seja consigo mesma, seja com os superiores, ela não estava sendo ela mesma.

Esta situação a consumia dia após dia, e fazia crescer a sua insatisfação. E, embora não conseguisse verbalizar que não estava bem, não estava tendo uma vida feliz.

Há muita gente assim no mercado de trabalho, que não é honesta consigo mesma, que não é autêntico nem por um segundo. E essas pessoas se transformam quando chegam em casa, porque ficaram tanto tempo reprimindo a verdadeira personalidade que parecem querer exorcizar os demônios quando estão consigo mesmas.

Já ouvi mulheres contando que seus maridos aguentavam pressões e humilhações tão grandes em seus ambientes de trabalho que chegavam em casa e queriam descontar em todo mundo aquilo que estava engasgado. Aquilo que não tinham conseguido dizer ao seu superior na empresa.

Não há nada mais destrutivo do que não ser você mesmo. Para seguirmos adiante, você vai precisar fazer essa promessa a si mesmo.

Agora você sabe quem é, quais seus sonhos, o que o inspira, o estilo de vida que quer ter daqui para a frente, mas isso precisa estar conectado com o que você é, com seu propósito.

Uma vez, fazendo esse exercício, uma menina se descobriu. Ela queria ser simples. Já tinha escrito que seu estilo de vida ideal também era simples. Seu sonho era poder trabalhar no que gostava, ir de bicicleta para o trabalho, ter mais qualidade de vida. Só que ela trabalhava numa agência de publicidade. Com prazos sempre apertados. Vivia fazendo suas refeições na frente do computador, pagava um aluguel altíssimo para morar em um apartamento descolado. Tinha acabado de comprar um carro que correspondia ao status de 'garota moderna'. E estava aprisionada naquela realidade que ela mesma tinha criado. Ela havia se enfiado numa prisão. E criava desculpas para não sair dela.

Dizia que a vida dos seus sonhos era simples, mas sofisticava tudo que podia para aparentar ser quem não era. Era uma vítima disso. Porque trabalhava para pagar os luxos que a faziam ser quem não era.

Eu me lembro da sua primeira decisão. Ela queria ter outro estilo de vida, sabia quais eram seus sonhos. E estava tão desconectada de si que fingia ser quem não era para pertencer a um grupo. A um grupo do qual não fazia parte. E nem gostava de fato. Ela estava doida para sair da agência, mas estava cada vez mais dentro dela. Cada vez mais tentando parecer ser quem não era para agradar gerentes, clientes, colegas de trabalho.

Lembro que sua vida mudou drasticamente depois do exercício que você verá logo abaixo. Porque ela viu que estava infeliz, percebeu que estava desconectada de si mesma. E isso a deixava longe de seu propósito.

Nessa busca, talvez você perceba que não é fácil deixar as máscaras de lado. Quando você entra num ambiente de trabalho, muitas vezes você tenta ser igual àquele grupo de pessoas. E propósito diz respeito somente a você. Quem é você no seu dia a dia? Não é só profissionalmente. Se eu tenho um amigo precisando de ajuda, e eu tenho aptidões para ajudá-lo, eu uso as minhas habilidades para isso simplesmente porque isso me faz feliz. Não economizo conselhos. Vivo isso. É o meu propósito.

Estou explicando isso, porque logo depois que você identificar o que quer ser, vai responder à seguinte pergunta:

O que quero fazer e alcançar?

Para mim está muito claro que quero ajudar pessoas a fazerem escolhas profissionais mais inteligentes. E eu só consigo fazer isso quando sou uma pessoa honesta, inspiradora, solícita e autêntica.

Se você começa a fazer coisas que o distanciam de você mesmo, é hora de parar e refletir. Às vezes você pode estar incomodado porque você está muito distante da pessoa que queria ser, do seu estilo de vida ideal. Não adianta fazer coisas incompatíveis com o que você deseja. Não adianta tentar ser e fazer algo diferente de quem você é. Isso vai oprimi-lo, roubar sua energia, e deixá-lo infeliz.

Quando a gente é quem a gente quer ser, e tem clareza do que quer fazer, a vida fica mais fácil, porque não existe aquele esforço em querer parecer outra coisa. Um personagem ou uma outra pessoa.

Muitas pessoas sabem o que querem fazer e alcançar, mas não se questionam, muito menos escrevem isso em um pedaço de papel ou no processador de textos do computador. A verdade é que a gente odeia se questionar e temos dificuldade de nos aceitarmos. Você descobre o seu propósito e daqui a pouco alguma coisa qualquer o tira da sua rota e você já está sendo pago para realizar o propósito de outra pessoa.

Uma vez ouvi de uma amiga que não tem nada pior do que ser contratado para colocar em prática uma ideia que já foi sua e você não teve coragem de fazer. E é bem por aí. Se você não colocá-la em prática, alguém vai colocar. E a frustração vai ser infinitamente maior se você for contratado para fazer para alguém o que queria ter feito para você mesmo.

Isso acontece o tempo todo. Você mesmo deve ter visto exemplos disso. E se não foi contratado para fazer algo similar ao que queria fazer, viu alguém fazendo e ficou a remoer sua inveja, achando que aquela era a 'sua' ideia.

Mas quem coloca em prática leva vantagem sobre quem só pensa e fica parado. Por isso eu quero ver você comprometido em mudar, em entender que se você não fizer a sua liçãozinha de casa, a vida vai passar e você vai continuar mais cinco ou seis anos acomodado aí no sofá de casa sem tomar uma atitude.

Se você está buscando uma mudança agora, é agora que você deve agir. É agora que as coisas estão precisando ser movimentadas. Não depois.

Como você pode ir transformando isso no seu dia a dia?

Esses questionamentos são importantes para que você possa ir cristalizando tudo isso e entre em ação. Seu parâmetro para saber se está no caminho certo é saber se você está sendo quem você é. Essa é a minha lei, meu código de ética, de ação. Se eu não for o que quero ser, não vou atingir meus objetivos, não vou dar os passos no caminho certo. Simples assim.

Pergunte-se diariamente, seja obsessivo com isso:

Você está sendo quem você queria ser?

Nas pequenas e grandes ações? No seu dia a dia?

Ao lidar com outras pessoas?

Ao agir profissionalmente?

Há muita gente infeliz que não está vivendo e nem sabe qual é o propósito de estar onde está. Elas nem sabe o que as inspira a estar ali.

E isso é ruim.

Eu me questiono o tempo todo. Sempre tive esta natureza questionadora. E percebo que quando eu me pergunto se estou sendo o que queria ser, isso acaba refletindo em toda a minha vida. Se por exemplo, monto uma palestra, eu me pergunto: "Como ser eu mesmo diante do público?"

E aí que chegamos ao ponto: O propósito.

Mas vamos deixar isso mais claro para você. Por favor complete a sentença na proxima página. Após completá-la você vai juntar tudo e elaborar o seu propósito de vida. Após ter feito isso, eu vou desafiá-lo a divulgar isso em suas redes sociais e sentir as respostas das pessoas. Vou pedir para que você, ao postar seu propósito, insira a *hashtag* #propositodeimpacto, pois assim eu irei identificá-lo e saber que está trabalhando forte.

MEU PROPÓSITO É:

SER...

FAZER/ALCANÇAR...

SENDO ASSIM/MEU PORQUÊ...

AGORA JUNTE OS TEXTOS AQUI...

Para ajudá-lo nessa construção resolvi publicar o meu propósito aqui!
SER...
Uma pessoa honesta, inspiradora, alegre e autêntica
FAZER/ALCANÇAR...
Ajudar as pessoas a fazerem escolhas profissionais inteligentes
SENDO ASSIM/MEU PORQUÊ...
As pessoas vão ser mais felizes, vão trabalhar mais contentes, vão adoecer menos, vão tomar menos remédios
DECLARAÇÃO FINAL DE PROPÓSITO
Meu propósito é utilizar a minha honestidade, inspiração, alegria e autenticidade para ajudar as pessoas a realizarem escolhas profissionais inteligentes, de modo que elas se tornem mais felizes e realizadas em suas vidas, tanto no aspecto profissional, quanto pessoal. É isso que vivo, que respiro. É por conta disso que levanto todos os dias. E esse o porquê que me inspira.

Todos os dias, pergunte-se se está sendo quem você quer ser, se está fazendo e alcançando o que quer alcançar e se está praticando o que se propôs a fazer. Deixe sua declaração estampada em algum lugar que você possa ver todos os dias. Leia em voz alta, divulgue isso, viva por isso.

Pessoas

Lidar com pessoas. Talvez esse seja um dos maiores desafios da humanidade. Lidamos com pessoas o tempo todo. Nos relacionamos e precisamos manter relações para viver. E, como tudo o que é importante na vida, isso merece uma atenção especial.

Não dá para falar de âmbito profissional sem falar de pessoas, não dá para construir uma jornada de sucesso sem pessoas. Não dá para excluir ou separar uma coisa da outra. Tão importante quanto saber quem queremos ser, para não vestirmos máscaras o tempo todo, é nos questionar sobre como vai ser a interação que teremos com as pessoas que nos cercam.

Em qualquer ambiente de trabalho ou profissão, você vai precisar dessa habilidade e, acima de tudo, entender como quer interagir com quem está ao seu redor, sem perder sua autenticidade.

Como você lida com quem você ama? Com quem você lidera? Com quem atende e encontra?

Essas são perguntas que estão presentes em nossa jornada e que precisam ser clarificadas.

Qualquer um que quer ir para um outro nível precisa lidar com pessoas. Não tem jeito. E lidar com pessoas é surpresa atrás de surpresa. Ninguém sabe o que está passando na cabeça do outro.

Vou dar um exemplo básico. Tenho um amigo que está fazendo um trabalho em uma multinacional japonesa. Ele está com uma excelente consultoria. E tem habilidades incríveis no que faz. Sabe qual sua maior dificuldade? Lidar com os orientais. Como os japoneses não têm o hábito de se abrir, ninguém sabe o que se passa na cabeça de cada um. E as coisas só se tornaram possíveis porque eles são abertos a processos. E o processo de *coaching* funcionou para que cada um estivesse engajado nas mudanças.

É bem comum ouvir pessoas dizerem o quanto é difícil lidar com o outro no ambiente de trabalho, mas muita gente nem percebe que, na maioria das vezes, a interação depende de nós. Porque a maioria das pessoas reage ao tratamento que lhe damos. Se somos hostis, recebemos hostilidade. Se somos raivosos, nervosos ou críticos demais, a tendência é que as pessoas se afastem ou reajam a isso. Ao contrário, se ao invés de apontarmos nos outros aquilo que não gostamos, olharmos para a maneira como nós gostaríamos de interagir com todo mundo, isso se torna uma característica que permeia as relações. E automaticamente vai se tornar mais fácil se relacionar. Isso na verdade é uma lei que funciona na física, a lei da ação e reação de Newton.

Mas a chave não é sermos nós mesmos? Sim, sem dúvida. No entanto, quando montamos um planejamento de carreira, nem sempre lembramos que teremos pessoas no caminho. E precisamos ser pragmáticos em relação a isso. Saber que os resultados que teremos serão consequência dessas interações.

Outro dia, conversei com um pai de família que estava estressado. Dizia que a relação com os filhos estava péssima. Chegava em casa e todos brigavam. Era uma luta diária colocá-los na cama e às vezes postergava o momento de chegar em casa porque sabia que teria que lidar com conflitos.

Aos poucos, o seu próprio discurso o fez perceber que, quanto mais se afastava, mais as crianças sentiam sua ausência, e mais tentavam chamar a atenção do pai de diferentes formas. Isso fazia com que ele ficasse irritado e explodisse, já que chegava do trabalho cansado e sem paciência. E os filhos não queriam ir dormir quando ele chegava. Queriam estar com o pai. Queriam se conectar com ele.

"Que palavra você usaria para descrever a sua interação hoje com seus filhos?" -perguntei a ele.

Ele pensou, pensou. E não sabia. Dizia que não tinha carinho, que não tinha amor.

Então fui adiante.

"Você é amoroso com eles? É carinhoso?"

Ele riu, como se sacasse a pergunta.

Não era.

Ele esperava carinho dos filhos, mas não interagia com eles de forma carinhosa. Ele queria reproduzir um comportamento de pai 'que educa', sendo rígido e severo. E nunca era carinhoso com eles.

Por isso é necessário que, nessa altura do campeonato,

você pense em como quer interagir com as pessoas. E isso pode consertar a sua vida, porque você percebe que a questão não é só o trabalho. Você não consegue interagir.

Se alguém quer ser diretor de uma empresa, abrir seu próprio negócio ou trabalhar como autônomo, vai precisar saber como será essa interação com o time de trabalho e os clientes. E, ao mesmo tempo, não pode deixar de lado o fato de ser o mais autêntico possível.

A minha equipe, por exemplo, compra alguns valores que eu passo de livre e espontânea vontade. Essa é a primeira coisa com que eles têm contato quando começam a trabalhar ao meu lado. E, se não gostarem, a porta está aberta e ninguém prende ninguém. É assim que acontece na nossa vida. Nossos valores devem estar diretamente ligados aos valores da empresa, da nossa família e dos amigos que cultivamos.

Nos meus eventos, antes de começar, abraço um por um quando chegam. Faço isso porque gosto. Mas essa é a minha forma de interagir com eles. Isso é premeditado? Não. Sou assim mesmo.

Por exemplo, na minha empresa, no meu instituto, elegemos quatro palavras para expressar a forma como queremos nos relacionar, entre nós, e com os nossos clientes.

"Contribuição, Responsividade, Conhecimento e Gentileza."

E eu tenho como premissa essas palavras. Quero contribuir ao máximo com as pessoas com as quais trabalho, sejam elas pessoas da minha equipe, sejam as que me prestam serviço ou ainda meus clientes. Dar *feedbacks* o mais rápido possível, levar conhecimento, ser gentil. E as pessoas com as quais trabalho em meu escritório são exatamente assim. E o mais importante: elas não foram treinadas para isso.E elas selecionaram a minha empresa por conta disso. Elas se deram conta de que essas palavras fazem parte da nossa vida.

Certa vez, eu estava apresentando essa teoria diante de uma plateia que conhecia meu trabalho e o da minha equipe e uma mulher levantou a mão. Ela dizia que eu deveria acrescentar alegria, porque ela notava que éramos muito alegres e levávamos isso para as pessoas durante as interações.

E ali, naquele momento, mostrei que aquela era uma percepção de marca. Eu falo quem sou e o mercado reconhece e acrescenta outras percepções. Por isso tem que ser autêntico e ligado ao que você quer passar na relação com as pessoas.

Muita gente vive distribuindo porrada e diz "eu sou assim mesmo, é meu jeito", sem se dar conta de que a maioria das pessoas é contratada pela competência e demitida pelo comportamento. Esse "jeito" de tratar e se relacionar diz muito sobre você. É o que vai ficar na memória de todo mundo, quando você não estiver ali. Porque as impressões ficam. Existe uma frase de Oscar Wilde de que gosto muito: "É preciso ser muito superficial para não acreditar na primeira impressão."

Com as pessoas que amo, a minha interação é pensada dia após dia, não estrategicamente, mas de forma autêntica. Sei que quero manter conexão com meu filho. Almoço e janto em casa, levo-o pra passear, conversamos sobre assuntos íntimos. E sei que muitas famílias foram desfeitas por falta disso, muito profissionais acabaram com a sua carreira por não dar atenção às conexões. Quando não temos conexão, seja dentro ou fora de casa, adoecemos. O ser humano não vive numa ilha e nem sobrevive a uma solitária. Necessita de relacionamentos, precisa saber se relacionar, precisa dos outros.

Ao mesmo tempo, hoje também faz parte do relacionamento entender como serão as interações nas redes sociais como Facebook, Whatsapp e Instagram. Tudo isso é relacionamento. E esses na verdade acabam sendo os maiores ladrões de relacionamento da vida moderna. Conheço muita gente que é uma coisa na rede e outra na vida pessoal. Passam imagens diferentes, atraindo mais amigos pela internet. E, quando essas pessoas se encontram, não conseguem se conectar de verdade porque era tudo muito falso.

Além do mais, hoje, faz parte do dia a dia no trabalho zelar pelo seu perfil nas redes sociais. Dependendo do tipo de trabalho que você oferece, a maneira como se relaciona com as pessoas *online* é muito observada. Hoje, os principais recrutadores observam o comportamento das pessoas nas redes. E os perfis sociais podem colocar tudo a perder se a pessoa não tomar cuidado. O maior cuidado é ser você mesmo em todos os ambientes que circula.

"Mas, Maurício, não tenho que ser eu mesmo?"

Sim, temos que ser nós mesmos. Mas isso não significa que você deva postar fotos íntimas, como estar com uma cervejinha na praia, numa festa com amigos, na balada. Se você reúne no seu perfil pessoas que atende, clientes, colaboradores e mais pessoas da família e amigos, precisa entender que a maneira como se apresenta ali tem que ser ponderada.

Tive um amigo que fez um perfil público logo que se tornou *coach*. O perfil era basicamente para apresentar seu trabalho e captar clientes. Porém, ele postava fotos dele na praia de sunga tomando cerveja, em festas etc. É óbvio que isso o distanciava de seus clientes por mais que ele estivesse sendo ele mesmo.

É o mesmo caso de fazer uma piadinha imprópria no meio da reunião com o presidente da empresa só porque você o conhece desde a infância. Ali, ele está em uma reunião de trabalho, com as pessoas que atende e lidera. A forma de se relacionar é outra.

Quando falo em ser você mesmo, é ser você nos seus valores, no seu propósito, mas tomando cuidado com as atitudes, com a forma de se apresentar. Isso é o que eu chamo de adequação profissional. Não preciso mudar minha essência, apenas estar adequado ao ambiente. O segredo é ser você mesmo, sem criar um personagem, agir pelo seu propósito.

Agora, responda às perguntas abaixo.

Como você gostaria de interagir com as pessoas que

Ao fazer esse exercício, você vai descobrir se está sendo você mesmo, se a forma que você está interagindo hoje é a ideal.

Mais uma vez, quero ajudá-lo, mostrando o meu nível de interação:

Como eu interajo com quem eu AMO...

Meu filho: Ter um tempo semanal para conversar com ele, escutar mais que falar.

Minha Esposa: Conversar diariamente sobre os nossos desafios, dar atenção, contribuir com as tarefas de casa.

Minha Família: Ter um tempo semanal para conversar, talvez um almoço ou um jantar.

Você vai sentir uma grande diferença ao terminar esse exercício e começar a conviver de uma forma diferente com as pessoas.

Práticas

Aqui é onde a porca torce o rabo, como diria o sábio ditado popular. Brincadeiras à parte, mesmo que você tenha tudo definido em sua mente, sem definir a prática não tem jogo. Isto é, o propósito pode estar claro para você. Você sabe que interagir com pessoas é importante, sabe aonde quer chegar, entende que tudo requer prática e mudança de mentalidade, e sabe a maneira como quer agir com quem está ao seu redor e no seu convívio. No entanto, se a gente não se programar para realizar o que tem de ser feito, colocar um tijolo por dia, para depois ter uma linda casa, a casa dos nossos sonhos, nada vai acontecer.

Vou lhe dar um exemplo prático disso: lembra no domingo quando você come aquela pizza e diz que está com sobrepeso, que na segunda-feira quer começar uma dieta? Pois bem, o que você geralmente faz na segunda-feira? Programa sua mente para começar a dieta, diz a si mesmo que vai comer uma salada no almoço e se matricula numa academia. Com o passar dos dias, você não se programou para ir à academia, não colocou na agenda esse compromisso. E aquilo deixa de ser prioridade.

Um amigo o chama para ir ao bar, a família o convida para um jantar. Aos poucos, você vai esquecendo aquela meta, perde a inspiração e volta para sua zona de conforto. Porque apesar de saber o que queria, que era perder peso e ter mais saúde, você não definiu como faria isso. Não colocou dentro da sua rotina através de práticas diárias, semanais e mensais que poderiam contribuir para a mudança do seu estilo de vida.

Assim acontece com tudo.

Uma pessoa que determina que quer fazer uma mudança na carreira, deve passar pela parte prática, de maneira que sua agenda tenha definições de quais passos serão dados dia após dia. Mesmo que seja um milímetro. Um milímetro já deixa você mais perto do que você quer.

Já vi muita gente perdendo o jogo porque tinha muita garra e convicção do que queria, sonhava mais do que ninguém, mas não conseguia realizar. É aqui que colocamos no papel tudo aquilo que vamos alcançar. E a gente só faz isso planejando. Um pequeno passo por dia.

Se você quer estar com o inglês fluente em X anos, tem que começar em algum momento a treinar. Para tudo é necessário que haja comprometimento.

Certa vez, conheci um cara que dizia que queria escrever um livro. Esse cara já havia definido como seria a capa, o conteúdo, a divulgação. Sabia exatamente onde e como vender. Toda vez que nos encontrávamos, ele dizia que iria escrever esse livro.

Acabamos nos afastando porque ele mudou de cidade, mas certo dia nos cruzamos. No meio da conversa, perguntei, por curiosidade, se ele já tinha lançado aquele livro. Afinal, fazia pelo menos dois anos que a história tinha começado. Ele me disse que ainda não, que ainda não tinha arranjado tempo para escrever e que o trabalho roubava o seu tempo, que sua família o consumia demais. Desculpas que geralmente as pessoas utilizam para fugir de fazer o que tem de ser feito.

Ou seja, ele tinha um sonho. Porém, ao invés de escrever, nem que fosse uma linha por dia, colocar em prática, e realizar o que ele dizia ser seu propósito de vida, ele deixou que seu tempo fosse consumido por desculpas. E isso o afastou do sonho. No caso dele, claro que a frustração foi maior, já que outros autores perceberam que aquele tema era interessante. E não há nada pior do que ver alguém prosperando com uma ideia que você acha que teve primeiro.

Mas a questão é a seguinte: se você não colocar aquilo em prática, dentro da sua rotina, alguém vai fazê-lo. E a pessoa que assim o fizer não tem nada de diferente de você. Ela simplesmente tem disciplina. E disciplina é vital. A ação que vai determinar o sucesso de seus projetos, sejam eles quais forem.

Essa é a hora de entrar em campo. Você já fez o aquecimento e o treino, mas agora chegou a hora de jogar, jogar pra valer! E aqui não estamos só falando da sua carreira, do seu trabalho. Estamos falando da sua vida. É hora de recalcular essa rota e pontuar o que deve ser feito e determinar qual a sua frequência para atingir os resultados desejados. E aí, conforme você for dando foco em determinadas áreas, elas naturalmente irão expandir. O foco faz isso. Ele o movimenta, coloca-o em ação, faz com que você tenha resultados, deixa-o em alerta para possíveis desafios e barreiras.

Tenho amigos que já derraparam muito nessa parte. Isso acontece quando começamos a jogar pra valer. Os obstáculos reais surgem e são inevitáveis e muitas vezes imprevisíveis. Se você está preparado para enfrentar tudo isso, as suas chances de sucesso são maiores. E aqui não estamos falando de sucesso atrelado somente ao dinheiro ou à fama. Sucesso é fazer o que se gosta e ser bem remunerado por isso. E ainda assim não deixar os outros pratos caírem. Já vi muita gente destruindo relacionamentos e a própria saúde em nome de um sucesso. "Nenhum sucesso nos negócios justifica um fracasso na vida familiar ou na saúde." Esse tem que ser o seu mantra. Essa máxima deveria ser conhecida por todo ser humano.

Já afirmei aqui no livro que sonho fora da agenda é sonho morto. E queria repetir isso, porque tudo que você determinar e especificar vai impactar a sua vida e a sua carreira e trazer benefícios para a sua vida a partir de agora.

Em nossa jornada, o plano de práticas será dividido em Saúde, Relacionamentos, Carreira e Dinheiro. Geralmente, essas quatro áreas, quando bem trabalhadas, impactam direta ou indiretamente outras áreas da sua vida. Por exemplo, se você se torna uma pessoa mais saudável passa a ter mais disposição, e com isso fica mais produtivo no trabalho e em casa. Em alguns momentos, o foco em algumas áreas vai ser maior que o de outras. E tudo bem.

No processo de escrita desse livro, por exemplo, eu me dei um espaço de tempo para produção de texto e inseri um horário na minha agenda para fazer gravações. Quando me comprometi a fazer vídeos, também dediquei um dia da semana apenas para isso. Eu entendia que isso podia ser feito semanalmente e não diariamente. E foi mais simples e eficiente.

Assim, montamos uma grade de horário para que a gente possa ir se desenvolvendo melhor na carreira. E, quando colocamos os outros aspectos da vida dentro dessa programação, fica mais fácil identificar se existe alguma parte que está sendo negligenciada.

Plano de ação não significa necessariamente que sairemos de um lugar e vamos para outro em linha reta. Vamos identificar e enfrentar várias coisas em nossa jornada. Vamos lidar com a rotina, com os obstáculos, que podem ser emocionais ou não.

O que quero é fazer você pensar daqui em diante como será a sua rotina. Como você lida com ela. O que faz diariamente, semanalmente e anualmente em cada uma das áreas da sua vida.

Nessa altura do campeonato, já sabemos o ambiente em que queremos estar, a atmosfera que vamos respirar, já visualizamos nosso futuro e vimos outras coisas que estamos mentalmente preparados para enfrentar. Agora vamos começar a caminhar. E esse planejamento vai fazer com que você não se perca no meio do caminho. Isso que vai segurá-lo e não deixar que se acomode ou que siga por outros atalhos.

Saúde

Muita gente se pergunta o porquê de colocarmos saúde dentro de um planejamento de mudança de carreira. Para que você entenda, vou lhe contar a história do Marcelo.

O Marcelo é um cara que começou a trabalhar muito cedo e logo que se formou em Direito, viu que queria ser juiz. Ele foi lá, passou na OAB depois de três tentativas, estudou muito e começou a perseguir o seu sonho.

O sonho do dele não o deixava dormir. Ele trabalhava exaustivamente durante o dia, mal almoçava, chegava em casa e ia estudar, dormia poucas horas por noite. Aos poucos, foi começando a sentir um certo mal-estar. No começo ele reclamava de dores de cabeça, que foram resolvidas com analgésicos poderosos. Mas ele continuava na mesma rotina. Os analgésicos fizeram um efeito também no seu estômago, que estava sempre vazio, porque ele se alimentava mal. E começou a gastrite, que inicialmente era causada só pelo nervosismo, mas depois se tornou crônica graças ao excesso de medicamentos. Como ele não dormia, deu um jeito de pegar com um médico uma receita de um remédio que o fizesse capotar de noite. E a vida dele começou a ficar, digamos, diferente.

Ele estudava muito, não via prazer no dia a dia, pensava na meta e deixava todo o resto de lado. E isso começou a ficar visível demais para ignorar; no dia que ele foi fazer alguns exames ele se deu conta de que suas taxas de colesterol estavam altas e estava com início de diabetes. Eram desordens que refletiam aquele estilo de vida que ele estava tendo nos últimos sete anos, em busca da concretização daquele 'sonho'.

O resultado é que o Marcelo teve que tirar uma licença porque foi diagnosticado com a tal Síndrome de Burnout. Uma novidade de diagnóstico que afeta os estressados. E, não importa a profissão, o estresse está presente na vida da maioria das pessoas nesse mundo competitivo do qual fazemos parte. As pessoas estão fora do ritmo, tensas, em condições de trabalho desgastantes e o resultado é que o corpo não aguenta a pressão. Por isso criou-se o termo para definir o desgaste que vem afetando, em sua grande maioria, executivos, *workaholics* ou profissionais que vivem sob uma pressão constante dentro de seus ambientes de trabalho.

O mais curioso é que o tratamento geralmente afasta

o profissional do trabalho por não estar em condições de exercer atividades relacionadas à profissão – e pede uma mudança no estilo de vida. Os médicos prescrevem atividades físicas regulares, exercícios de relaxamento, dormir e se alimentar bem.

Com o Marcelo aconteceu o seguinte: assim que entrou de licença, encarou uma rotina de exercícios, e hoje seu quadro está estável, assim como a sua saúde. Mas ele precisou se afastar do trabalho para cuidar da saúde.

A pergunta é: por que deixamos que as coisas cheguem a esse ponto? Por que não nos dedicamos algumas horas por dia, ou por semana, para relaxar, para cuidar de nossa saúde?

Negligenciamos nossa saúde de tal forma, que chega um momento em que fica praticamente impossível continuar vivendo. E ninguém percebe que o corpo humano não é uma máquina.

Tem gente que fica horas sem beber água, outros pedem *fast-food* todo dia, outros comem no carro. A esmagadora maioria é sedentária e não se movimenta a maior parte do tempo. E todo mundo vai acumulando estresse sem perceber que, na maioria das vezes, pequenos ajustes na rotina e cuidados com a saúde poderiam fazer com que se sentissem muito melhor.

Uma amiga médica conta que muitos dos seus pacientes apresentam transtornos relacionados ao estresse e só conseguem seguir uma rotina de exercícios quando percebem que, se isso não for feito, o coração pode literalmente parar.

O número de infartos não está relacionado apenas ao estilo de vida estressante, está relacionado também aos hábitos de saúde. E esses hábitos precisam ser mudados. Nenhum ser humano consegue ser integralmente feliz se estiver com qualquer problema relacionado à saúde.

Sabe aquele história de ficar esticando um elástico

por muito tempo? Uma hora ele arrebenta. Só que a maioria de nós espera arrebentar para correr atrás do prejuízo.

Mas não estamos falando só de extremos. Ter práticas que promovam a saúde não faz a pessoa apenas evitar doenças – faz as pessoas se sentirem bem. E não tem nada melhor do que ser uma pessoa vibrante, cheia de energia, que vive e não sobrevive. Temos absolutamente todas as ferramentas em nossas mãos. Uma saúde vigorosa começa com uma consciência sadia, que pensa em termos saudáveis.

Para criar essas práticas, vamos adotar um sistema que eu mesmo aplico na minha vida. Dentro das práticas, você vai fazer uma lista de coisas que faz para a manutenção da sua saúde. Ou simplesmente coisas que o façam sentir-se bem.

O que você pode fazer agora pela sua saúde? Eu costumava fazer exercícios no final da tarde. E aquilo me fazia bem. Quando descobri que meu organismo reagia melhor aos exercícios pela manhã, mudei toda a minha rotina para encaixar esse compromisso comigo na minha agenda.

É importante que eu esteja saudável. Esse comprometimento em estar sempre bem, cheio de energia, com vitalidade, força e positividade, me mantém mais produtivo durante o dia, além de me ajudar a pensar melhor, produzir mais vídeos, aguentar ficar em pé em mais palestras e treinamentos.

Sabemos que podemos contar com 'aliados' e ferramentas no nosso dia a dia para termos mais energia, mais disposição, mais potência e resultado nos nossos afazeres, ao invés de chegarmos cansados no fim do dia porque não nos dedicamos a eles pelo menos por algumas horas.

Certa vez, atendi uma jovem mãe que dizia não ter tempo para nada. Ela corria o dia todo e estava sempre exausta e cheia de pendências. Quando fomos analisar sua rotina, percebemos que o problema era justamente esse: a falta de uma rotina definida. Ela fazia tudo ao mesmo tempo e não colocava prioridades, não estabelecia tempo para cada atividade. Por isso estava sempre exausta e achando que o tempo sumia.

Começamos seu plano de ação elencando o que ela queria como metas de saúde diárias, semanais, mensais e anuais. Ela organizou suas semanas, percebendo que certas atividades consumiam seu tempo e não precisavam ser feitas todos os dias. A ilusão era a de que o trabalho iria 'acumular', mas isso passou a não acontecer. Diariamente, ela fazia jantar e preparava a comida para levar ao trabalho no dia seguinte, e passou a fazer outras tarefas da casa semanalmente para liberar espaços na agenda para meditação, que era uma das suas prioridades, e exercícios físicos.

Percebeu que, no final da tarde, ao invés de ficar em casa entediada após dar o jantar para sua filha de dois anos, que comia cedo, ela podia usar esse tempo para otimizar as coisas. Começou a caminhar, com a menina no carrinho, pela vizinhança. Anoitecia, e a menina dormia no carrinho. Assim, ela percebia que voltava para casa num novo ritmo em vez de ficar estressada porque tinha que fazer a criança dormir e precisava fazer outras coisas. Com o passar do tempo, ela passou a incorporar novos hábitos em sua rotina como acordar mais cedo para preparar sucos e fazer alongamento enquanto ouvia uma meditação guiada.

À noite, depois que a filha ia dormir, ao invés de fazer todos os dias o jantar, ela passou a fazer uma quantidade maior de comida e congelar, a fim de liberar horas dos outros dias para ter mais tempo livre. Quando chegamos na segunda fase do plano de ação, que incluía relacionamento, ela já tinha tempo extra na agenda onde podia se dedicar exclusivamente às suas relações interpessoais. E eram muitas, pois além do marido, havia as amigas, familiares, redes sociais. Mas falaremos disso mais adiante.

O fato é que, com uma simples organização na rotina, ela conseguiu uma melhora considerável em sua qualidade de vida. E isso refletiu no seu rendimento no trabalho e em sua carreira, pois ela estava mais disposta e feliz. À medida que o tempo passou, ela percebeu que em alguns momentos ela não estava infeliz, estava só irritada por não ter tempo de fazer tudo que queria fazer. Definitivamente, as coisas mudaram de figura.

Talvez esse seja o segredo: todos temos planos, mas tirá-los do papel exige dedicação, planejamento e foco.

Eu quero que, nesse instante, você se comprometa a escrever o que fará com a sua saúde a partir de hoje, diariamente, semanalmente, mensalmente e anualmente. Seja o mais específico possível. Se você está se comprometendo a começar a fazer exercícios, descreva quantas vezes por semana e quanto tempo vai durar.

Vou lhe dar uma dica que ajuda muito: ao definir sua nova rotina, faça duas coisas. Se você digitou este exercício no seu computador, imprima algumas cópias e fixe em lugares visíveis. Você também pode enviar essa planilha para uma pessoa de que você gosta muito. Comprometa-se com ela que você vai realizar o que está escrito ali.

Neste primeiro exercício, eu deixei um exemplo pronto para facilitar o seu processo, mas o ideal é que você complete com as suas próprias necessidades, com as suas próprias palavras.

QUAIS PRÁTICAS DEFINEM A SUA SAÚDE?
Diariamente

Aqui, você pode colocar tudo aquilo que é essencial, e tem que ter em determinado momento do dia. Ou o que merece a sua atenção. Você precisa fazer exercícios diariamente ou caminhar? Por exemplo, coloque na sua agenda de práticas diárias caminhar quarenta minutos. Fazer uma alimentação saudável também deve estar em suas prioridades. Cada vez mais, cientistas e pesquisadores encontram e nos mostram bons motivos para que a gente se alimente bem. Uma alimentação rica em verduras, frutas e legumes é capaz de fortalecer seu sistema imunológico, nutrir seu cérebro, fazer com que você se sinta mais vigoroso, com mais energia e bem-estar. E a sua dieta tem que ser pensada. O que você ingere faz toda a diferença no resultado que você produz. Não adianta negar: um corpo cansado e nutrido de forma inadequada não vai ter a mesma potência que um corpo saudável. E se sentir bem é parte do processo, não é algo que precisa ser forçado. Um bom exemplo aqui seria beber ao menos dois litros de água por dia.

Semanalmente
Os hábitos podem ser incorporados aos poucos, existem hábitos diários, hábitos semanais, hábitos que você pode incluir mensalmente. Todos devem ser pensados com critério.Vale lembrar que não estamos falando só de saúde física. É importante cuidar da sua saúde mental, emocional e psíquica.Um exemplo, se você gosta de caminhar, estabeleça quantos quilômetros quer cumprir na semana.

Mensalmente
Você quer estar apto para participar de uma corrida mais extensa? O treino tem que ser diário, mas vale colocar a meta mensal. De repente, você deseja participar de corridas amadoras de rua que acontecem mensalmente. Essa pode ser uma grande oportunidade de fazer grandes amizades e ser um incentivo para você começar a se mexer com mais intensidade.
Estamos comprometidos em mudar o seu estilo de vida para promover bem-estar e impacto na sua vida.

Uma pessoa com uma boa saúde física e mental tende a ser mais feliz. E isso faz parte da sua jornada.

Anualmente
Defina algo maior para sua vida, um grande desafio que vai fazer com que você se prepare e pratique quase que diariamente. É sempre bom ter um grande desafio. Por exemplo, eu tenho um amigo que todo ano faz uma prova internacional de triathlon (natação/ciclismo/corrida), que exige uma preparação mais longa.

Por último, sempre se questione:
Quanto vai custar eu não realizar isso?
Talvez esta seja uma das perguntas mais fortes para você realmente entrar em ação.

Certa vez, no meu início de carreira como *coach*, uma pessoa que queria meu bem me perguntou isso, e eu confesso que a minha própria resposta me assustou muito, foi como se eu tivesse colocado um tubarão na minha banheira. Ou eu o enfrentava e o expulsava da banheira ou não tomaria mais aquele banho gostoso e relaxante.

Você já deve ter percebido que muitas coisas na sua vida já custaram caro porque você não tomou a decisão de entrar em campo e jogar para valer. Às vezes nos damos conta disso muito tempo depois, quando bate aquele arrependimento.

Por exemplo, no caso da saúde, se você for trabalhar como *coach*, consultor, palestrante ou treinador, será obrigado a ficar horas em pé, viajar muito. O custo de não se cuidar pode ser o cansaço e uma visível apatia no palco. O desgaste da profissão pode abreviar sua carreira e você ser impedido de fazer o que tanto ama por ordem médica.

Para fechar essa etapa, descreva como seria a sua saúde daqui a seis meses, um ano e cinco anos. Faça isso como se você já estivesse vivendo esse momento. Treine seu cérebro para isso, acostume-se a essas novas ideias, a essa nova vida. Deixe tudo o mais claro possível para você e para sua mente, por isso sempre utilize o EU:

6 meses: Eu estou 10 quilos mais magro, minha taxa de gordura corporal está baixando, diminuiu mais 5%. Eu estou me sentido com mais energia. Eu me inscrevi na minha primeira prova de corrida de 5 Km.

1 ano: Eu estou 15 quilos mais magro, minha taxa de gordura corporal abaixou mais ainda, mais 5%. Minha energia vem aumentando. Passei a beber mais água, agora estou bebendo 2,5 litros por dia. Meu humor mudou, eu sou mais feliz, estou me sentindo mais forte. Já realizei 3 provas de corrida de 5 Km.

5 anos: Estou com muita saúde, estou no meu peso ideal, 79 quilos, minha taxa de gordura corporal chegou a 18%, um valor ótimo para minha idade. Estou bebendo 3 litros de água por dia. Minha energia está a mil, estou animado, mais ágil e enfrentando os desafios com mais força. Passei a correr provas de corrida de 10 Km.

Eu não sei se você percebeu, mas ao fazer esse exercício você estará pintando a própria obra-prima da sua vida. Você estará visualizando a construção da sua jornada; aliás, você já estará usufruindo dela.

Relacionamento

Se é necessário inserir o tema 'saúde' dentro da rotina para que ele não seja esquecido nessa jornada, também se faz essencial inserirmos o tema 'relacionamento' na sua agenda.

E eu vou lhe dizer o porquê.

Muita gente negligencia esses dois quesitos. Pessoas descuidam da saúde e dos relacionamentos, o que provoca desgastes que irão refletir na sua qualidade de vida a longo prazo. Não dá para chegar onde queremos, se não dermos atenção a essas duas áreas de nossa vida que precisam estar bem.

Vejo centenas de casos parecidos, em que pessoas

estavam galgando uma posição na carreira, mas acabavam deixando a família de lado. Não tinham tempo para os amigos e filhos, não colocavam como prioridade na agenda um compromisso com a família ou com quem era importante.

A verdade é que muita gente adoece sem perceber, e não é por falta de boas práticas na saúde. É por falta de conexão. E não há conexão que dure, se não cultivarmos um bom relacionamento.

Certa vez, conversando com uma colega de profissão, ela disse que tinha passado por uma situação terrível. Ela era gerente comercial de uma empresa antes de se tornar *coach* de carreira. E essa empresa não era lá um exemplo de empresa que dava muita bola se o funcionário tinha ou não vida pessoal.

Seus horários eram inacreditáveis. Ela acordava, ia para o trabalho, chegava às oito da manhã. Seu chefe entrava às nove, ela ficava apagando incêndios e correndo atrás de metas o dia todo. Até que chegou um dia em que, às oito da noite, preparando-se para sair, ele a chamou em sua sala.

Ele pediu um relatório urgente para o dia seguinte e ela pensou seriamente em responder que não dava. Afinal, era aniversário de seu pai, e ela tinha combinado de ir a uma pizzaria jantar com a família. Mas lembrou-se de que precisava daquele emprego. Naquele dia, quando aceitou aquela condição, tudo mudou, pois ela se tornou uma espécie de refém das condições que ela própria tinha aceitado.

Os jantares, as comemorações, os finais de semana, tudo ficava para depois. Até que chegou o dia em que ela engravidou. Mas, como era uma excelente profissional, acreditava que não haveria nenhum problema na empresa. A 'recompensa' para tanto esforço foi que ela foi demitida assim que saiu de licença-maternidade. E foi substituída por outra funcionária que tinha mais disponibilidade.

O que essa história revela? Que muita gente deixa família de lado, abre mão de tudo para se dedicar ao frenético trabalho dentro de um escritório, e não percebe que líderes que fazem isso com funcionários não se importam realmente com o bem-estar deles. Para a empresa, ela era só mais uma que interessava a eles enquanto pudesse fazer horas extras e estar 100% dedicada ao trabalho.

A questão é que muita gente só se dá conta disso depois que é chutado da porta para fora. E não é novidade para ninguém que tem muito profissional que abre mão da vida pessoal por conta do emprego.

E eu quero lhe dizer uma coisa agora: se você não pode mudar a empresa em que trabalha, você pode mudar de empresa. Mas, principalmente, é uma questão de escolha mudar a si mesmo.

Claro que muita gente aceita essas condições de trabalho porque precisa de dinheiro para pagar as contas. Só que vale a pena trabalhar num lugar onde a vida pessoal é massacrada? Onde você precisa abrir mão de tudo e não existe tempo para se relacionar?

Por isso, nesse plano de ação, a ordem é priorizar. Colocar metas de relacionamento na sua rotina evita que você caia em ciladas. Sejam trabalhos que não correspondam às suas expectativas, sejam aquelas situações em que você se isola do mundo para cumprir tarefas que façam você entrar num ciclo autodestrutivo.

Ao mesmo tempo, vejo muita gente que não tem uma prática certeira em relação às relações interpessoais - não encontra tempo na agenda para isso – mas vive nas redes sociais, desperdiçando um tempo valioso com relações muitas vezes superficiais e que não levam a nada.

A minha dica é que você veja em quais relacionamentos você quer investir seu tempo, e coloque-os na sua agenda de práticas diárias, semanais, mensais e anuais.

Tenho uma amiga que, depois que saiu do trabalho

onde precisava viajar demais, priorizou as filhas na agenda. Assim, todos os dias, a partir de certa hora da tarde, aconteça o que acontecer, ela não se dedica ao trabalho, pois é um horário reservado para elas, mães e filhas.

Mesmo tendo recebido propostas aparentemente irrecusáveis, nas quais poderia ganhar bem, mas teria que se ausentar de casa o dia todo, ela preferiu manter-se fiel ao que acreditava naquele momento. Em sua visão, era imprescindível ficar perto das crianças, enquanto ainda eram pequenas, já que depois que crescessem elas não precisariam de uma atenção tão focada. E a carreira podia esperar. As filhas iam crescer e ela teria perdido a oportunidade de vê-las crescendo e participar da vida delas.

Vejo isso constantemente como um conflito entre trabalho e família, principalmente no que diz respeito às mães. Muitas mulheres se dão conta de que é necessário ter espaço para a família apenas depois que têm filhos, porque aquela necessidade é vital para ambas as partes. A mulher sente aquilo com todas as forças e começa a reorganizar sua vida.

No entanto, muitas se perdem no meio desse caminho. Algumas descobrem que o trabalho em que estão é incompatível com a agenda de mãe. Outras acabam abrindo mão dos filhos e terceirizando as crianças em tempo integral para cumprir a agenda da empresa. E agenda é assim: quando você não faz a sua, os outros fazem por você.

Por isso, é importante que você determine, e tenha isso bem claro: quais horários você quer destinar às relações que permeiam sua vida? Quantas vezes por mês você vai jantar ou almoçar com seus pais? Quantas vezes por semana vai sair com seu parceiro ou parceira? Quando vai buscar os filhos na escola ou levá-los para passear? Quando vai encontrar os amigos?

Nessa hora, muita gente percebe que acaba encontrando tempo para o *happy hour*, mas nunca consegue achar uma hora para o relacionamento amoroso.

Quando estivermos criando esse plano de ação, entenda que você já declarou qual é o seu propósito de vida e qual a maneira que quer ter em uma relação com as pessoas com as quais se importa. As práticas devem estar compatíveis com isso tudo. Não adianta querer conexão com filho, se você não encontrar espaço na agenda para ele. Por exemplo, você pode estabelecer que vai buscar o seu filho na escola uma vez por semana. Não adianta querer um relacionamento amoroso intenso, se você chega em casa na hora de ir dormir. Você deve se comprometer com o que você quer na sua vida. E, dessa maneira, vai acabar encaixando as coisas e conquistando uma felicidade no sentido mais amplo da palavra.

Agora, escreva abaixo:

QUAIS PRÁTICAS DEFINEM
OS SEUS RELACIONAMENTOS?

Diariamente
Semanalmente
Mensalmente
Anualmente

Quanto vai custar eu não realizar isso?

COMO VOU ESTAR EM...

6 meses:

1 ano:

5 anos:

Carreira

Já reparou por que não colocamos a carreira em primeiro lugar no plano de ação?

Aposto que agora você percebeu.

Muita gente coloca a carreira em primeiro lugar em suas vidas. No mundo competitivo em que vivemos é natural que as pessoas façam isso porque acham que é uma questão de sobrevivência. Mas vamos colocar os pingos nos is. Questão de sobrevivência é cuidar da própria saúde. Sem ela, você não é nada. E já vi muito executivo perdendo a linha quando, percebeu que os filhos cresceram e que não tinham nenhum vínculo com eles. Priorizar a carreira pode ser um tiro no pé.

Claro que vez ou outra você precisa se concentrar em um aspecto da vida mais do que em qualquer outro. Em um processo de transição de carreira, é natural que você precise se dedicar mais tempo aos estudos, pesquisas, ou ao que vai demandar sua atenção, mas se você não estabelecer uma rotina pra isso, corre o risco de deixar as coisas escaparem das suas mãos.

Há algum tempo, um amigo estava ansioso com as mudanças que iria promover na carreira. Tínhamos revisitado sua história, ele tinha encontrado o que gostava de fazer, estava entusiasmado o bastante para levantar uma plateia e fazer todo mundo ir junto com ele. Tinha propósito, sabia sonhar mais que ninguém, conseguia ter uma mente firme, mas na parte prática ele era um verdadeiro fiasco. E você deve conhecer alguém assim, que sonha alto, sonha demais, é super positivo, mas nunca consegue realizar nada daquilo que se propõe a fazer.

No caso dele, coragem não faltava. Faltava era uma rotina.

Ele não sabia quando ou o que deveria fazer para chegar onde queria. E quando colocamos um plano de ação diante de seus olhos, ele finalmente entendeu porque seus planos nunca caminhavam. Porque ele precisava agir. E as ações eram pequenas e diárias.

Um dia, ele precisaria buscar o curso, no outro se inscrever, na semana seguinte entrar e estudar. Mesmo o curso sendo *online*, ele não colocava em sua rotina espaços de tempo para que aquele processo tivesse começo, meio e fim. E não sabia o porquê de as coisas não irem acontecendo num estalar de dedos.

Para toda pessoa que quer resultados, é preciso disciplina. Assim como ninguém conquista um corpo torneado sentado em frente ao computador, se a gente não coloca na agenda nosso compromisso com as práticas que precisam ser efetivas no processo de transição, tudo continua como está. E não tem nada pior que um sonho ali, acenando para você, não ser alcançado por preguiça ou hábitos ruins.

Uma rotina precisa vai fazer milagres nesse processo. É agora que você precisa entender de fato o que precisa estudar, onde, como e quando fazer isso. Delimitar dias da semana para se dedicar àquilo, nem que seja aos finais de semana ou nas madrugadas.

Quando eu estava em meu processo de transição de carreira, precisei abrir mão de algumas coisas para poder encaixar o tempo para conhecimento. Durante o dia eu estava focado em ganhar dinheiro e promover o meu sustento e, nas horas vagas, eu investia em conhecimento e no processo de transição. Era assim que eu passava noites e entrava madrugada adentro. Mas o processo era pensado. Tinha começo, meio e fim.

Se hoje eu conquistei flexibilidade de tempo, autonomia, estabilidade financeira, e se almoço e janto em casa todos os dias, sem estar correndo contra o tempo, é porque tenho uma rotina rígida de afazeres. E sou catedrático nisso.

Já contei aqui que tenho um dia da semana para produzir os vídeos do meu canal na internet, outro para textos, possuo blocos de momentos em que abro e-mails, visito minhas redes sociais, vou à academia. Tenho isto muito claro.

Toda vez que entro em contato com um profissional que está fazendo transição de carreira, peço que isso seja observado com cuidado.

Agora vamos lá, pegue essa caneta e se comprometa com a sua semana, seus dias, seu mês e seu ano. As metas não vão se realizar sozinhas.

Práticas

QUAIS PRÁTICAS DEFINEM A SUA CARREIRA?

Diária

Semanal

Mensal

Anual

QUANTO VAI CUSTAR EU NÃO REALIZAR ISSO?
Como vou estar em...

6 meses:

1 ano:

5 anos:

Dinheiro

Muita gente quer ter dinheiro, mas não gosta de falar de dinheiro nem tem tempo de se programar financeiramente.

Vou confessar uma coisa: eu era um cara que tinha muito propósito na vida, mas não era exatamente uma pessoa que sabia quanto queria ganhar. Tinha metas de vida mas não tinha metas financeiras claras. E isso teve um fim, quando comecei a perceber que, assim como tudo na vida, se eu não desse atenção ao dinheiro, ele simplesmente não ia surgir do nada na minha vida.

Além do trabalho, temos que imaginar todas as fontes de renda que podem contribuir com o nosso sonho. E esse exercício é importante. Quando conheci meu amigo Roberto Navarro, *coach* financeiro, percebi o quanto tinha a aprender nesse sentido. O cara era simplesmente um detector de dinheiro e dizia que se você não tem o radar ligado para o dinheiro, o dinheiro simplesmente não vem. E eu comecei a perceber que aquilo era uma verdade incontestável.

Vejo muita gente trabalhando por amor, acreditando nos projetos, mas sem pensar que o dinheiro é necessário para pagar as contas e ainda ajudar a realizar muitos sonhos.

Conheci pessoas nesse processo que tinham crenças limitantes em relação ao dinheiro. Gente que achava que pensar em dinheiro era coisa de gente gananciosa. Tive que fazer essas pessoas perceberem que as práticas em relação ao dinheiro podem fazer com que muitos sonhos se materializem. Pensar em dinheiro não é só pagar contas, é saber quanto se deseja ganhar no mês, quais são as metas anuais. E isso pode motivá-lo a tirar projetos da gaveta e fazer muitas coisas acontecerem.

Já pude observar vidas sendo transformadas a partir desse exercício. Pessoas que não tinham a menor habilidade com finanças, simplesmente porque não pensavam em como e quanto queriam. Só se preocupavam em ter dinheiro para pagar as contas. E tinham vidas infelizes, porque isso se concretizava, já que elas só trabalhavam para pagar contas, logo não sobrava nada.

Em alguns casos, fui pego de surpresa por pessoas que colocaram metas excepcionalmente altas, quando criaram seus planos de ação, e aquilo as fazia tirar a bunda da cadeira e agir.

Um amigo conta que só conseguiu sair da zona de conforto e agir em relação à carreira, quando colocou suas metas principais no papel – e elas incluíam ter dinheiro para viagens, trocar o carro e abrir seu próprio negócio.

Saber quanto se precisa para dar cada passo é vital. Por exemplo, você pode colocar tudo a perder se não tiver a menor noção dos valores necessários para tirar um projeto do papel. Conheço uma pessoa que tinha planos e planos relacionados ao seu propósito, um projeto muito bonito em mãos, que podia realmente ajudar muita gente. Acontece que, certo dia, contando sobre o tal projeto, alguém perguntou a ela quanto ela precisava de investimento. Mas ela não sabia. Simplesmente porque não tinha colocado no papel os custos do projeto, quanto investimento precisaria de fato para ser capaz de realizar aquilo que estava falando. Isso acontece com tanta frequência que nem percebemos. Por isso, devemos estar sempre preparados para a ação. E ter as nossas metas financeiras detalhadas nesse plano de ação faz com que tudo fique mais claro.

Agora, detalhe as suas metas financeiras e práticas que envolvam dinheiro, incluindo quanto tempo irá gastar por dia nessa atividade, por semana, por mês.

QUAIS PRÁTICAS DEFINEM SUA RELAÇÃO
COM O DINHEIRO?

Práticas

Diária

Semanal

Mensal

Anual

QUANTO VAI CUSTAR EU NÃO REALIZAR ISSO?
Como vou estar em...

6 meses:

1 ano:

5 anos:

CRIANDO ÂNCORAS

Bom, até aqui você escreveu a sua história de vida, extraiu os principais ativos, aqueles que você quer utilizar na sua próxima jornada, na sua nova carreira, sonhou com uma vida que é só sua, pintou a obra-prima de sua vida, viu quais são as suas inspirações, definiu seu propósito, viu que é importante pensar em pessoas na sua jornada e estabeleceu algumas mudanças na sua rotina no dia a dia. Mas para que tudo isso funcione sem parar é importante que você se lembre constantemente do seu projeto, daquilo que precisa ser realizado para você conquistar a tão desejada vida dos sonhos.

Você pode criar a estratégia a que você se ajustar melhor. Por exemplo, eu criei uma âncora, algo que me fez lembrar que é importante eu me aproximar de Deus todas as manhãs. Sendo assim, ao colocar os pés no chão, depois de me levantar da cama, eu me lembro de rezar. Uma outra âncora que eu criei é a seguinte: quando ligo o computador e a tela acende, eu me lembro de abrir a agenda. A ideia aqui é que você crie suas próprias âncoras, seu próprio sistema de lembrança, de alerta. As quatro perguntas abaixo vão ajudá-lo nesse desafio.

Como vou saber que estou conseguindo?

Esta é a pergunta que você deve se fazer sempre que possível.

A melhor coisa para se caminhar é saber como mensurar seus resultados. E aí entra um fator famoso que pode colocar tudo a perder: a procrastinação. Muita gente não sai do lugar porque não faz o que tem que fazer. Cria ideias e projetos, mas divaga sobre eles, sem colocá-los em prática, seja porque o sabotador interno começa a agir, fazendo aquela pessoa acreditar que o projeto nem é tão legal assim, seja porque estão procrastinando. E não fazemos isso propositalmente. Temos a tendência de tentar evitar a dor. E para tentar evitar a frustração, a perda, muitos não chegam a arriscar. E por isso, projetos e mais projetos geniais e inovadores não saem do papel. Existe sem dúvida o medo de assumir riscos, de entrar num terreno desconhecido. Se estamos condicionados a fazer determinadas coisas de determinadas maneiras, a mudança desafia a gente. É como mudar um hábito, pois são necessárias consistência e repetição, e só você pode determinar se vai estar disposto a isso. Se você saiu do campo das ideias e já sabe qual a técnica que vai aprender, onde fazer o curso, quando procurar o curso, quando se matricular no curso, já temos evidências fortes de que essa pessoa está indo no caminho que quer.

Costumo dizer que pequenas vitórias mostram que estamos no caminho certo e precisam ser celebradas. Muita gente acha que quando falamos em avançar num planejamento de carreira e profissional, precisamos mensurar grandes conquistas. Não. A maioria das pessoas subestima o poder das pequenas vitórias e do efeito que elas podem ter a longo prazo.

Outro dia, assistindo a um documentário sobre o Tony Robbins, me atentei para uma frase potente que ele diz logo no início para um jovem com tendências suicidas. "A maioria das pessoas superestima o que se pode fazer em um ano e subestima o que se pode fazer em uma década". E é exatamente isso que acontece nesse momento em que os projetos são criados. As pessoas têm pressa e começam a se comparar com quem está no topo e se frustram porque acabaram de começar e os resultados ainda são pequenos. Mas não podemos comparar nossos bastidores com o palco dos outros. Este é um erro dos grandes. As pequenas vitórias e conquistas devem ser celebradas e se tornar inspiração para que se siga adiante. Essas pequenas vitórias servem também como âncora para lembrar que você está no caminho certo.

A maneira como você vai se lembrar do seu projeto tem que estar bem presente no seu dia a dia. Isso porque, quando começamos a tocar um projeto paralelo ao nosso trabalho atual – o que acontece com frequência, quando estamos em transição de carreira – a tendência é que a gente vá deixando para depois o que tem que ser feito, e esqueça da jornada, das práticas. Quando você menos percebe, já perdeu aquele gás e voltou à rotina normal. Por isso é que vale tudo para se automotivar e encontrar argumentos para sair da mesmice e entrar de vez na nova vida que você determinou para si mesmo. O resultado vai ser determinado pelo seu nível de engajamento e só você pode ser responsabilizado por isso.

Por exemplo, quando eu decidi que queria ganhar minha vida sendo palestrante, autor, orientador e *coach*, além de trabalhar por conta própria, eu utilizei essa técnica ao criar no fundo de tela do meu computador uma arte com fotos de palestrantes, autores dando autógrafos, *coaches* atendendo, eu viajando com a minha família e um profissional trabalhando no seu *notebook* em uma cafeteria.

Essa era a pintura que eu queria muito, e junto com isso eu tinha minhas metas escritas em um pequeno cartão na minha carteira. Isso fazia com que eu lembrasse constantemente que eu tinha um compromisso muito forte comigo mesmo.

Você pode criar a estratégia que for melhor para você, mas deve criar. Você pode ajustar o alarme do seu celular para tocar durante alguns horários do dia com mensagens das suas tarefas, você pode pedir para um grande amigo ou amiga para lhe enviar um *whatsapp* para lembrá-lo dos seus compromissos. Enfim, a criatividade é que impera nesse momento. O importante é que as suas âncoras estejam próximas e visíveis.

Bom, agora defina para você quais serão as conquistas que vão lhe dar sinais de que você está caminhando em direção de onde quer chegar. Defina também como você vai se lembrar de colocá-las em prática.

PARTE III
CONQUISTE SEU SUCESSO

CUIDADO COM AS METAS

Escrever esse livro me fez perceber ainda mais quais eram os ativos dentro da minha própria história. A cada capítulo, em cada momento que eu queria mostrar como evitar certos caminhos e explorar outros, eu conseguia enxergar com mais clareza tudo que tinha me ajudado a chegar onde cheguei.

Muita gente quer ser *coach*, consultor, palestrante, treinador ou empreendedor sem transformar a própria vida – quer conseguir isso estudando métodos e teorias, mas método sem experiência não é nada. Já fiz cursos e mais cursos ao longo da vida. Alguns trouxeram conhecimento, mas muitos deles mostravam fórmulas mágicas e sem vida. Como falar de algo que não experimentamos, vivemos ou não sabemos as dificuldades? Como um profissional que não passou por uma situação de mudança ou de enfrentamento pode passar alguma autoridade naquilo?

Fiz aquele questionamento interno quando estava diante de um executivo em transformação. Ele tinha chegado exatamente onde queria na empresa em que sempre desejara trabalhar. Porém, ao sentar na cadeira da diretoria, perguntou a si mesmo por que estava insatisfeito e frustrado.

Na nossa primeira conversa, detectamos que suas metas tinham sido alcançadas, mas as pessoas esquecem que o que importa lá na linha de chegada é o estilo de vida.

"Do que adianta uma meta se ela é incompatível com o estilo de vida que você quer ter?"· perguntei a ele.

Ele estava confuso e levemente atordoado com as minhas palavras, como se eu tivesse dado uma paulada na sua cabeça.

"Mas como eu não pensei nisso antes?"

O Rodolfo era um cara jovem, aos 37 anos chegara onde queria. Ao ganhar a sala de diretoria, tinha poder de decisão na empresa, mas esse poder viera justamente na fase em que sua mulher ficou grávida.

E ele era daqueles caras que achavam que a vida precisava de um roteiro: comprar apartamento, casar, ter filhos e ter uma carreira bem-sucedida. Seguia esse plano com metas bem definidas, mas estava exausto.

"Eu estou cada vez mais cansado. Cansado e desconectado de todo o resto. Desde que eu fui promovido, não consigo tirar férias nem sair para jantar com a minha esposa, muito menos ir com ela comprar as coisas do bebê. É tudo muito estranho. De repente, eu estou no lugar onde sempre quis estar, e não é mais onde eu quero estar, entende?"

A sua aflição era como a de muitos. Exaustos e correndo, sem saber que aquela meta era uma grande armadilha.

Ele tinha detectado isso logo no começo das nossas conversas. Avançamos, ele revisitou a própria história, e estávamos no ponto em que ele visualizava uma existência onde pudesse estar presente na vida da mulher e do filho, Em que pudesse acompanhar sua família, ter lazer e tudo mais.

Sua mudança tinha data e hora marcada. Ele queria fazer uma transição de carreira rápida. Já tinha entendido que não queria continuar na empresa, mas sabia que precisava de segurança financeira. Ao mesmo tempo, tinha medo de ficar lá por muito tempo agarrado ao dinheiro e perdendo a grande oportunidade de sua vida que era presenciar o nascimento do filho. Dias antes, tinha tido um pesadelo. Sonhara que estava viajando a trabalho quando o filho nasceu e que não tinha presenciado esse momento. Acordou sufocado. Com palpitações.

"Eu preciso fazer uma mudança, mas preciso fazer

logo. Não quero deixar para depois que o bebê nascer. Pode ser tarde demais. Como eu posso adiantar esse processo?"

Expliquei que aquela consciência era fantástica, pois muita gente se preocupa demais com o que quer alcançar e se esquece da jornada. Não era a primeira vez que estava com um pai de família aflito porque tinha se comprometido em chegar a tal ponto na carreira, mas havia se esquecido do que isso iria custar para a sua saúde e para a família.

Poucos dias antes, eu ministrava um treinamento em um evento só para *coaches* de carreira, o telefone de uma *coach* tocou e ela atendeu. Era sua mãe. No meio do evento, aquela menina contou para o público o que acabara de ouvir. E todos ficaram perplexos. Sua mãe tinha ligado para avisar que um amigo da família acabara de morrer de cardiopatia. Isso porque tinha adiado a cirurgia por conta do trabalho. Estava ocupado demais para a saúde e achou que podia adiar e continuar a suportar a pressão do trabalho. Perdeu a vida por causa do trabalho, que tinha sido a sua prioridade. Essa realidade era tão constante e assustadora que comentei com o Rodolfo sobre o caso para que ele entendesse que certas coisas precisam ser resolvidas quando são escancaradas. E assim que ele percebeu que estava indo para o mesmo caminho entendeu a urgência.

"O estilo de vida que você quer ter é mais importante de ser definido do que a meta" · falei.

"Que estilo de vida você quer ter?"

Essas perguntas precisavam ser respondidas. Muita gente se concentrava na meta e esquecia do estilo de vida. Esquecia que a nossa maior meta de sucesso deveria ser criar um estilo de vida que desejamos e nos tornarmos a pessoa que somos capazes de ser. Isso não dizia respeito a ter mais, e sim a ser mais, sonhar mais e realizar mais.

Quando estamos bem, vivemos de forma positiva. E não dá para ficar triste quando a gente faz o que gosta, quando 70% do nosso tempo é ocupado com coisas que amamos.

"Eu trabalhei nesse final de semana" - disse a Rodolfo. "Mas não era como se fosse trabalho. Eu não fiquei cansado. Eu não me estressei. Eu fiz um evento para oitenta pessoas, que ficaram comigo dois dias inteiros, e todo mundo estava feliz e motivado o tempo todo. Minha esposa e meus amigos participaram. Meu filho de doze anos me ajudou. E eu vejo que além do estilo de vida que eu queria construir, sempre quis um estilo de trabalho que me possibilitasse viver desse jeito. Um trabalho no qual eu pudesse ser autêntico, ser eu mesmo."

Ele foi rápido, rascunhou algo e disse em voz alta: "Quero ter tempo para mim e para minha família. Quero poder sair para trabalhar tranquilo e desligar o celular à noite sem preocupações se vou ter que atender um assessor de imprensa no meio da madrugada para responder uma coisa qualquer para o jornal. Quero parar de correr, de apagar incêndio. Quero ter vida além do trabalho."

Era, de fato, uma das maiores preocupações de todos os executivos: o tempo, a saúde e a família perdidos, aquilo que eu batizei de Tríade do Fracasso Corporativo. E era curioso como vários outros já tinham colocado como meta chegar a tal lugar e nem sabiam o que acontecia quando chegavam lá. Era assustador o número de profissionais que atingiam suas metas e depois diziam 'que vida de merda estou tendo'. Isso acontecia porque as pessoas estavam sempre com a cabeça nas metas. Por isso eu sempre batia na tecla do estilo de vida. E o estilo de vida tinha que ser compatível com a meta que se desejava alcançar.

Por incrível que pareça, eu também já ajudei na carreira de muitos *coaches*. Eram pessoas que resolviam seus próprios problemas através do processo de *coaching* e de repente queriam virar *coaches,* já que percebiam que poderiam ganhar bem e ter flexibilidade de horário.

Como sei disso? Porque eu fiz isso também.

Rodolfo se via decidido a dar uma grande virada na carreira. Queria qualidade de vida, sair do ambiente corporativo. Era a primeira vez que faria algo fora do roteiro estabelecido. Era a primeira vez que se questionava se esse era o melhor roteiro.

"As pessoas não se questionam"· comentei. "Vivem no automático. Por isso chegamos nessa fase da vida em que parece que nada mais se encaixa" · continuei.

Seus sonhos eram ousados. Tão ousados que ele próprio achava que tinha sonhado alto demais.

"Cuidado com as metas" · falei para ele.

"Maurício, você deu um nó na minha cabeça agora. Me explica isso."· ele disse, depois desse alerta.

Expliquei.

"Se o pessoal que chegou à Lua tivesse submetido esse sonho somente às metas de conquista, eles provavelmente nem teriam saído da Terra."

"Eles achariam impossível" · continuei. "E o que fez esse povo chegar à Lua?"

Ele estava curioso. Era uma quebra de paradigma. Era um sonho, eles queriam ser os primeiros a pisar na Lua.

"Veja bem Rodolfo, as metas são importantes em nossa vida, mas o mais importante é o que você sonha para sua vida. É a obra-prima da sua própria vida."

Conforme eu explicava, ia revendo toda a minha própria trajetória. Tinha aplicado isso na minha vida e sabia que dava certo. Sonho é sonho. Sonhar é o que faz as pessoas levantarem da cama, agirem, apesar do medo, tentarem, persistirem. Um sonho movimenta uma força incalculável. E quando a gente pinta aquele sonho, ninguém pode nos deter. Lembrei-me também das noites de trabalho da minha mãe que sonhava ter sua própria escola, mesmo sem o dinheiro necessário para construí-la.

Rodolfo sabia o que queria. Era algo absolutamente contrário ao que a sociedade pregava no momento, era diferente do estilo de vida atual, mas era um sonho que alimentava desde criança. Confesso que até eu fiquei surpreso com sua resposta.

"Eu sempre quis morar numa fazenda" - começou, "Criar orgânicos, ter um estilo de vida assim. Eu me lembro do meu avô, quando eu era criança, cuidando das galinhas no sítio, plantando sua horta. Eu me lembro das férias, da felicidade deles. Eu já viajei o mundo e visitei inúmeras fazendas que fazem exatamente o que penso em fazer. Quando eu escrevi minha história, lembrei disso, que eu queria ter um estilo de vida assim. Eu sempre quis ter o dinheiro de um executivo, mas nunca o seu estilo de vida. Eu preciso abrir mão do meu sonho, da minha saúde, da minha família. E não quero. Eu quero é ter a minha plantação, acordar com as galinhas, estar com a minha esposa, ver meu filho crescer."

Ele abriu um grande sorriso.

"Uma vinícola em que eu iria organizar excursões, passeios, degustações. Viver uma vida tranquila e feliz. Era esse estilo de vida que eu queria ter. E ele não tem nada a ver com sentar numa cadeira dentro de um escritório com ar-condicionado, vivendo em uma cidade cinza, pegando duas horas e meia de trânsito todos os dias e chegando em casa para trabalhar o que ainda tenho de pendências."

Ele parecia ter tido uma visão. Quando ele pintou a obra-prima dos seus sonhos, viu que era contrário à vida que estava vivendo e entendeu o tanto de frustrações que estava acumulando por não viver a sua vida dos sonhos.

"Quero acordar todos os dias, respirar e ouvir os

pássaros cantando, ao invés do som das obras do metrô do lado do meu apartamento" - isso me inspira, completou.

A partir daí, expliquei a ele como poderia escolher um profissional que tivesse realizado o que ele desejava. Seria como seguir um método vencedor. Porém, para que esse sonho não ficasse perdido no espaço, no meio de tantos asteroides perdidos e estrelas apagadas, ele deveria ancorar a meta em alguma coisa, não desistir dela. Porque a tentação é grande. Os obstáculos, principalmente os internos, são muitos.

Comecei a contar ao Rodolfo o caso da Jucilene. Uma pessoa que eu tinha conhecido num avião, em pleno voo. Estávamos os dois sentados na mesma fileira. Ao tentar travar o cinto de segurança, ela esbarrou em mim e pediu desculpas.

Fiz uma brincadeira, dizendo que com um avião apertado daqueles não dava para não esbarrar mesmo, e começamos a conversar. A conversa começou, contando um pouco do que ela fazia – era *coach* e trabalhava dentro de uma empresa. Ela havia percebido que o *turnover* era muito grande lá dentro e convenceu os diretores de que o *coaching* poderia diminuir os altos índices e o diretor comprou a ideia. Foi aí que ela disse que era deficiente visual – estava com óculos escuros – e eu perguntei o que faria em Brasília. E ela contou que estava indo para um Congresso.

Até que chegássemos ao nosso destino, eu já sabia muita coisa sobre a Jucilene. Mas o aprendizado que tirei daquela viagem precisava ser compartilhado. Ela era mãe de dois filhos, tinha acabado de começar esse projeto na empresa, viajava constantemente sozinha para congressos e ainda tinha uma agência de turismo.

Fiquei estarrecido, pois ela era a prova viva de que não existe limite quando se quer alguma coisa. E eu saí daquele avião com essa sensação. De que não queria mais ouvir 'ai, ai' e reclamação ou pessoas encontrando obstáculos pequenos e estagnando no meio do caminho.

À medida que eu falava, Rodolfo ficava cada vez mais motivado, alegre, cheio de energia. Só o fato de falar sobre aquele sonho o deixava mais feliz.

"Vejo muita gente que acha que precisa fazer rápido a mudança. Eu entendo que, quando a gente percebe que não é essa a vida que quer, tem a tendência de chutar o pau da barraca e jogar tudo para o alto. Mas tem que se pensar na mudança a longo prazo. E para qualquer coisa dar certo, ela precisa ser feita com amor e prazer. Sem amor e prazer não há entusiasmo. E quando fazemos qualquer coisa com velocidade, não temos tempo de colocar prazer naquilo."

Demos uma pausa. Rodolfo ficou pensativo demais. Queria antecipar o processo, mas a jornada era importante para construir aquele novo caminho.

"A questão do sonho e da inspiração é o que vai te mover" - completei. "Enquanto você estiver vivendo essa transição vai avaliar se é isso que quer realmente para sua vida ou se está comprando uma ilusão. Porque acontece muito de uma pessoa achar que sabe o que quer, mas comprou a ideia do outro, como o cara que compra uma microfranquia achando que ela vai dar dinheiro fácil com pouco investimento".

Eu via *coaches* fazendo isso e caindo no mesmo erro, já que eles acabavam comprando o curso porque algumas escolas vendem a ideia que terão flexibilidade de horário e ganharão dinheiro rapidamente, mas quando saem na rua veem que não é bem assim.

Já tinha conversado com um deles que vivera isso na pele. Tinha comprado a ilusão e dizia que não tinha tido prazer porque comprou o curso, um terno, vestiu-se como uma pessoa que não era e achou que a vida ia mudar.

A vida não é uma peça de teatro que a gente encena

sem sentir as emoções. Pra dar certo tem que ter comprometimento. E, pra se comprometer, tem que estar motivado, tem que estar envolvido e engajado, tem que ter autenticidade.

ACEITE OS DESAFIOS

Eu estava fazendo um trabalho com a Giuliana. Ela era uma arquiteta centrada e aparentemente não teria dificuldades em reinventar sua carreira e colocar seu novo projeto em prática. Mas ela estava empacada toda vez que nos víamos. O grande inimigo dela eram as distrações. Reclamava constantemente que sua produtividade era baixa. Pudera, visto que ela acordava e já se estressava com os e-mails que via no celular antes mesmo de colocar o pé no chão. Seu humor ficava péssimo, isso estragava seu apetite e ela geralmente tomava um café puro e saía para trabalhar, correndo para resolver coisas que pareciam urgências.

O percurso até o trabalho era terrível, pois ela ficava irritada respondendo e-mails no trânsito, tentava chegar mais rápido e as distrações ainda tomavam seu tempo. Como entrava nas redes sociais da empresa para checar o que estava acontecendo por lá, dava de cara com mais problemas – e aquilo virava uma bola de neve. Ao chegar no escritório, estava geralmente envolvida demais naquele estado mental negativo e mal conseguia raciocinar.

Fiz um desafio para ela. "Você deve rever sua manhã" - falei logo de cara. "A primeira coisa que faz no seu dia. Os primeiros minutos do dia são importantes para você. Se você levantar e pegar um e-mail com uma bomba, acabou seu dia, ele vai ser uma desgraça. Acorde com calma, tome seu café. Tente fazer um exercício que consiga acalmá-la. Se não der para acordar cedo, durma mais cedo. Elimine as distrações. E não esqueça: os primeiros minutos do dia fazem uma diferença brutal na sua vida".

Eu já tinha vivido isso quando tinha escola, pois quase sempre estourava uma bomba pela manhã, logo nos primeiros minutos. Percebi que era culpa minha, pois eu acordava e saía sem tomar café e já ia no caminho ligando para saber como estavam as coisas. No restante do dia o humor caía, e eu entrava no sistema de alimentação do mau humor, que eu batizei de SAM.

O ser humano, em geral, gosta de desafios. Eu me lembro quando me comprometi a mudar, pois tinha conversado com as pessoas que amava de paixão – meu irmão e minha esposa – e eles me desafiavam, de modo que constantemente eu me vigiava para provar a eles que chegaria onde queria. Certa vez, depois de uma série de provocações entre irmãos, meu irmão disparou:

"Você não ia ser um dos melhores *coaches* de carreira do Brasil?"

Aquilo ia direto na jugular e no coração. Ele pegava pesado, querendo o meu melhor, e eu acabava me sentindo ainda mais motivado a provar que seria o melhor. Era como os jogadores de futebol que jogavam ainda mais para ganhar quando eram criticados. Como se cada gol esfregasse na cara de todo mundo que eles eram capazes.

Mas a Giuliana, além de se distrair facilmente com tudo, sempre acabava abraçando mil projetos que não tinham absolutamente nada a ver com ela. Mesmo quando estava focada, qualquer pedido de parceria era aceito de boa vontade e ela desviava toda sua energia para coisas que mereceriam pouca ou nenhuma atenção.

"Para que pegar um desafio que não tem nada a ver com você?" · eu dizia a ela. Como se não bastasse, ela também enfrentava à época amigos indesejados. E sofria com isso. Eles a colocavam para baixo toda vez que ela contava dos novos planos de mudança.

"Você vai perder muitos amigos" · disse a ela. Certa vez havia ouvido isso, que entraria num outro nível no qual teria menos paciência para muitas coisas. E isso me fez perceber que não eram apenas as pessoas que me deixavam mal. Ambientes tóxicos também. E a partir de então passei a evitá-los. Eram aqueles lugares que só de entrar você saía contaminado. Eu já tinha passado por várias situações do tipo, como estar na academia e de repente chegarem três pessoas que começam a chorar as pitangas ao seu lado justamente naquele momento que você mais precisa de inspiração.

Sair dessas situações era a grande sacada. Essas pessoas não precisam fazer parte do seu convívio. O tipo de gente que não admite que alguém esteja na contramão da crise, que esteja investindo, começando algo novo ou simplesmente acreditando numa nova possibilidade de vida. Mas na vida conhecemos muita gente que não agrega em nada. É um difícil exercício mudar o *mindset* para chegar ao ponto de não ser mais afetado por comentários vindos de fora. Isso é possível desde que a pessoa esteja fortalecida e que tenha adquirido o hábito de ter a mente positiva.

O que me segurou foi isso: nos momentos que tentaram me derrubar, na hora dos grandes desafios, a cabeça teve seu papel fundamental. E demorei para perceber que quem vive de metas pode desistir a qualquer momento, porque o que segura de verdade na hora do 'vamos ver' é a obra-prima da sua vida, é o estilo de vida desejado. A visão que se tem, a obsessão, o desejo por aquilo que se deseja. Mas para entrar na parte prática, o grande desafio era derrubar todas as distrações.

"Você está pensando em mudar quando?" · eu costumava perguntar às pessoas. As respostas variavam.

Ninguém dizia quando – alguns contavam da mãe, outros da esposa que ia fazer tal coisa. E eu repetia a pergunta. Era como quando perguntamos se alguém tem relógio, e todo mundo responde as horas, mesmo sem ter sido essa a pergunta.

"Se não colocarmos datas, você não vai sair do lugar" - disse à Giuliana.

Eu percebia o que estava faltando no discurso dela, e entendia como aquilo tinha tido um efeito poderoso em minha vida. O Maurício, alguns anos mais novo, tinha colocado desafios altos e metas de aprendizado. Na época, eu sabia que estava entrando num mercado novo, pois não existiam muitos *coaches* no Brasil, pouco se falava disso, e eu não tinha com quem trocar informações. Tudo que eu necessitava saber era o que precisava aprender para que eu pudesse chegar onde queria chegar.

Eu me lembro uma vez que estava sendo entrevistado e uma repórter perguntou o que senti quando estava querendo fazer a transição de carreira. Percebi que a pergunta era para ela mesma.

"Maurício, uma amiga fez uma pergunta" - ela começou, depois de desligar as câmeras.

"Ela está trabalhando, mas quer promover uma mudança de carreira, só que precisava estudar e está sem tempo. Como ela faz?"

Respondi de imediato: "Existe madrugada para quê?"

Ela arregalou os olhos, "Mas Maurício, ela não vai ficar muito cansada?"

"Vaaaaiii" - continuei. "O sucesso dói. Vai ficar até uma, duas da manhã. Quando for dormir, o parceiro já vai estar dormindo, ela vai ficar com a cabeça fervilhando de ideias, não vai pegar no sono. Mas é um investimento de tempo necessário para viver uma nova vida".

Percebi que ela mal piscava, atenta ao que eu dizia. Continuei.

"Você pode ficar cansado na hora, mas vai estar numa outra motivação."

Contei a ela que nesse momento era necessário saber usar o tempo, pois muita gente perdia em produtividade por isso. Disse que eu tinha dia e horário para pegar e responder e-mails, *whatsapp* e outros.

"Mas e se eu receber um e-mail importante?" - as pessoas costumam me perguntar. Tem uma máxima que eu aprendi: "Se você não fizer sua agenda, os outros farão por você".

Ansiosa para continuar nossa conversa, Giuliana disse: "Entendi, Maurício, mas me ajuda a me organizar". Então, fiz com que ela anotasse. A primeira tarefa do dia era rever a agenda. Se fosse direto para o Facebook, a timeline começaria a descer e não voltaria mais para a agenda. E aí quebraria o planejamento. Começamos mais um desafio, o de organizar a agenda.

No começo da minha carreira como *coach*, as pessoas demoraram a se acostumar com meu novo estilo de vida. Meu irmão ia até o meu escritório, chegava, falava comigo e eu não respondia porque estava no meu momento de concentração. E as distrações estão aí. De pouquinho em pouquinho vão roubando nosso tempo.

Não adianta ficar ao lado de pessoas que não são desafiadoras e dão tapinhas nas costas. Tem que ser gente que fala o que está errado para que se possa melhorar. Nem que seja necessário pagar caro por isso.

"Ah, mais uma coisa, Giuliana. Não comece projetos que não valem a pena começar. Isso é só perda de tempo e dinheiro."

Ela me olhou desconfiada.

"Eu comecei trezentos projetos porque não tinha um Maurício para me orientar. No fundo, as pessoas sabem que estão entrando numa roubada, mas custam a acreditar. Crescer é legal, expandir é legal, mas não dá para fazer tudo e atender a todos. Às vezes, você quer expandir seu negócio, mas tem que trabalhar a sua jornada primeiro. Senão, vai começar projetos que não valem a pena, que não vão levá-la ao lugar que você deseja estar. Imagine o seguinte: um ônibus coletivo, ao sair da garagem de manhã tem um ponto final para ir. Imagine se na primeira rua um passageiro diz para ele entrar numa outra que é melhor e mais rápido. Na outra rua o outro passageiro diz que pelo outro caminho é mais legal. Quanto tempo mais ele vai demorar para chegar? Será que ele vai chegar? E é isso que acontece com todo mundo. As pessoas começam a achar tudo legal e nunca vão chegar ao ponto final que tem que chegar porque tudo é legal. Mas e a jornada? E o estilo de vida?"

Giuliana parecia pensativa.

Então, propus o último desafio, o "Desafio dos 30 dias", o qual você vai poder fazer a partir de agora também. Eu mal sabia a grande transformação que aquela mulher faria daquele dia em diante.

Desafio dos 30 dias

Como você pode perceber, para crescer e ter sucesso na carreira e até na vida pessoal precisamos lidar com alguns desafios, como alterar nossos hábitos, principalmente os matinais ou lidar com nossos pensamentos negativos, dos amigos e ambientes indesejados, e ainda o de dizer não para projetos que não fazem sentido no momento.

Para se sentir seguro em relação a tudo isso, vou pedir que você supere um grande desafio, isso significa enfrentar você mesmo. Faça o seguinte exercício:

1º. Liste os 3 principais desafios que você acredita serem os mais importantes nesse momento:

_____

_____

_____

2º. Responda: por que eles são tão importantes para você?

_____

_____

_____

3º. Responda: o que vai custar para você caso você, não supere esses desafios?

_____

_____

_____

O mais importante é que você deve ler essas respostas ao menos uma vez por dia, ou pela manhã ou logo antes de dormir. Se possível nos dois horários. Faça isso durante 30 dias, todos os dias. Você vai notar uma diferença brutal em suas ações.

5 FATORES PARA O SUCESSO

Agora, é hora de falarmos um pouco mais sobre sucesso porque muitas coisas que colocamos em prática depois que sonhamos acabam não evoluindo.

Não sei se já aconteceu com você. Ter uma grande ideia, sonhar com ela e ir lá dar o primeiro passo, mas o segundo e o terceiro não terem o mesmo impulso, quase que parando ou parando por completo.

Quando a gente coloca um projeto em ação, os desafios continuam. Principalmente quando elegemos uma nova profissão ou embarcamos numa nova aventura que transforma a velha maneira de se trabalhar. Isso exige mais do que coragem – exige que você tenha as estratégias corretas e esteja emocionalmente forte para enfrentar os desafios.

Posicionar-se diante do mundo ou do seu mercado é muito importante para o seu sucesso. Vamos apenas pensar que até chegar a este capítulo você resolveu, assim como eu, tornar-se um *coach*. Ótimo. O primeiro passo é mostrar para as pessoas o que você faz, quem você é, quem você ajuda, que problemas você resolve. Ter essa definição clara é o que vai fazer você se destacar dos demais. Pense: você provavelmente comprou esse livro porque sentiu que ele resolveria um problema seu, certo?

Quando as pessoas me perguntam, por exemplo, como construí uma trajetória de sucesso no *coaching*, sendo considerado um grande profissional, eu respondo que isso se deu às custas de muito trabalho, mas teve um, entre outros fatores, que foi determinante: eu soube me posicionar no mercado. E o mercado de *coaching* é grande. As possibilidades são imensas.

Ao longo da minha jornada, eu pude perceber alguns fatores que me ajudaram, não importa qual o tipo de projeto ou estilo de vida que você decidiu criar, se você pretende também ser *coach* ou consultor, treinador, palestrante, autor de livro, empreendedor ou trabalhar por conta própria, esses fatores vão estar presentes o tempo inteiro.

Conhecimento

O primeiro é o conhecimento. Ninguém falha nesse. As pessoas muitas vezes exageram no conhecimento. É a armadilha do conhecimento. Eu já fui assim, fazia curso atrás de curso. Formações atrás de formações. Tenho uma coleção enorme de certificados, mas tive dificuldade de entrar em campo. Chegou ao ponto de meu irmão me chamar a atenção: "Maurício, vejo você estudando muito, mas quando vai colocar tudo isso em prática?"

Algumas pessoas me perguntam: "Qual o limite para o conhecimento?" E eu digo que sempre é hora de aprender. Inclusive sou o cara que mais investe em livros, palestras e seminários para me aprimorar no meu negócio. No entanto, quem está começando tem que entrar em campo. Não basta só estudar e não colocar em prática o que estudou. Muitas coisas que aprendi foram ali, no campo de batalha, em cima do ringue. A prática nos traz outros tipos de aprendizagem, pois será através dela que você vai validar seus conhecimentos.

Faça um teste com você mesmo. Eu já fiz!

Olhe para todos os seus livros, provavelmente você não leu todos. Se leu, tudo bem. Agora quantos deles você colocou o conteúdo aprendido em prática? Confesso que fiquei assustado quando eu fiz isso comigo mesmo. Nessa hora eu passei a perceber bem o que significa, ter menos quantidade e mais qualidade. É como este livro: se você só ler o que estou lhe ensinando, as chances são zero de você fazer uma mudança em sua vida.

Negócio

O segundo ponto é entender que você está entrando em um novo negócio. Não dá pra brincar de *coach*, palestrante, consultor, blogueiro, fotógrafo, *designer* ou o que for. Seja qual for o seu segmento, você precisa entendê-lo como um negócio.

É comum ver pessoas descobrindo que certos *hobbies* podem ser seus maiores projetos de vida; porém, não se dedicam a eles profissionalmente como deveriam. Nessa hora, prevalece o amadorismo, seja por medo do novo, seja pela falta de acreditar que pode dar certo.

Seja qual for a sua opção, decida ser profissional no que faz. Escolha ter um negócio em vez de simples quebra-galho, aquele que dá uns troquinhos de vez em quando. Negócio é negócio, precisa de investimento, plano de negócios, planejamento, *marketing*, vendas, conhecimento, comprometimento e muita dedicação.

Vou dar um exemplo clássico: as pessoas investem um bom dinheiro numa formação em *coaching*, desejam ser profissionais para viverem de *coaching*. Porém, quando saem da formação não têm dinheiro para fazer um anúncio no Facebook. O que significa isso? Elas não pensaram como empresa, pois não têm capital de giro ou dinheiro para investir em propaganda. E precisa disso? Precisa.

Vou dar um exemplo dentro da minha área.

Temos hoje no Brasil por volta de 40 mil *coaches* formados. Virou um grande negócio. Há mais concorrência. Por isso, mais do que nunca, tem que se pensar nisso como negócio. Qual a verba que você tem para investimento para *marketing*? Qual a verba destinada a novos estudos? Qual é o seu nicho? Qual o seu público-alvo? Como se comportam? Quais as dores? Quais frustrações? Quais os sonhos?

Muitas pessoas simplesmente fazem uma formação e quando terminam não sabem por onde começar. Eu dei um exemplo do mercado de *coaching*, mas isso serve para qualquer outro mercado.

Muita gente faz um curso, forma-se e começa atacar para todos os lados. Isso não funciona. A verdade é essa: sabe qual a diferença entre os profissionais que ganham dinheiro e os que não ganham? O primeiro sabe para quem quer vender e o segundo quer vender para todo mundo. E por isso, posicionei-me no mercado como *coach* de carreira e esse foi um dos pontos que fizeram com que eu tivesse a visibilidade que tenho hoje e continuasse um negócio rentável e apaixonante.

Tecnologia

Mais do que nunca a gente tem que usar a tecnologia. Eu passei noites e noites aprendendo a lidar com ela. Outro dia, o rapaz que trabalha comigo nessa área de tecnologia viu um vídeo antigo e perguntou se eu que tinha editado. Eu falei que sim, eu tinha aprendido a fazer aquilo. Eu tive que aprender. Não era da minha área, mas eu precisava fazê-lo de alguma maneira porque era importante que eu tivesse vídeos na internet. Cada vídeo que eu posto aumenta as minhas chances de fazer mais negócios.

O conteúdo gera valor na vida das pessoas.

Se você tem vergonha, esqueça essa vergonha e comece a tentar fazer vídeos.

Tenho um irmão e nós fazemos aniversário bem próximos, dias 8 e 9 de dezembro, mas ele nasceu um ano antes. Somos opostos um ao outro, mas muito amigos. Eu adoro um microfone, enquanto o Gilberto é mais fechado. Ele foi diretor financeiro e administrativo da escola por muito tempo. Recentemente, ele vendeu a escola e eu falei para ele: "Vem trabalhar na área de conhecimento, prestar serviço de consultoria financeira para as pessoas, ensinar o que você aprendeu nesses trinta anos trabalhando como diretor financeiro." Só que eu também falei "para se divulgar mais, você precisa fazer vídeos e mexer com tecnologia." Aí, ele deu aquela engasgada como todo mundo dá. Mas ele encarou o desafio. Eu juro que não imaginava que ele seria capaz de se enfrentar e fazer vídeos para postar nas redes sociais. Ele fez, e foram muitos.

A tecnologia também traz novas oportunidades de negócio. Hoje, muitos *coaches* atendem os seus clientes *online*, em tempo real, assim como consultores, líderes de equipe, advogados ou psicólogas também o fazem. Eu tenho visto que isso está crescendo cada vez mais. Está todo mundo entrando nessa, e isto é maravilhoso. É a tecnologia democratizando as informações, os conhecimentos e a aprendizagem.

Grupo de *mastermind*

As pessoas perguntam: "Qual a importância de

participar de um grupo de *mastermind*?" Parece que isso está na moda atualmente, mas a verdade é que não existia e quando apareceu ganhou destaque.

Grupos de *mastermind* são grupos de pessoas que possuem o mesmo objetivo, compartilham as mesmas causas e desejam crescer se ajudando. Não tem nada a ver com religião, *marketing* de rede etc. São apenas pessoas que contribuem em forma de ideias e conselhos para o crescimento de todos.

Por que é interessante estar num grupo focado nas mesmas coisas que você? Porque um aprende com o outro, e é legal se unir a um grupo de pessoas que estão na mesma vibe, com o mesmo propósito. Isso pode ajudá-lo a crescer muito.

Uma das coisas que mais me fizeram sofrer quando larguei a escola que eu trabalhava e fui trabalhar por conta própria, foi a síndrome da solidão. Ela aparece sim no começo. Se você escolher trabalhar por conta própria, provavelmente vai entender do que estou falando. A característica principal dela é achar que você não vai dar certo porque você não tem mais com quem dividir suas angústias. Você é 100% responsável pelos resultados de suas próprias decisões.

Nesses grupos, você tem a possibilidade de expor suas ideias, projetos e sonhos e sair de lá com várias dicas de pessoas e profissionais que estão no mesmo barco que o seu, querendo chegar no mesmo destino, enfrentando os mesmos desafios. Não custa barato estar em excelentes grupos de *mastermind* hoje no Brasil, principalmente aqueles voltados à área de *marketing*. Mas vale cada centavo investido.

Posicionamento

Considero esse um dos fatores mais importantes do sucesso hoje em dia, e você deve ter sentido isso ao ler os primeiros parágrafos deste capítulo. A verdade é que eu acredito que é muito importante este ponto ficar claro para você independentemente de qual seja o seu novo negócio.

Vamos ver este exemplo.

Se você olha os minions, aqueles bonequinhos amarelos de óculos, eles são aparentemente todos iguais, mesma cor, mesma roupa, quase todos de óculos, e apenas algumas pequenas diferenças que precisam ser olhadas bem de perto para se perceber. Costumo fazer um paralelo entre eles e as pessoas que escolhem trabalhar por conta própria, seja como consultor, seja como *coach* etc. Você tem que olhar muito de perto pra saber o que os diferencia.

Mas imagine um quadro com *emojis*, que são aquelas figurinhas que postamos ao invés de escrever; você já identifica na hora o que ele representa, o que ele transmite, seu comportamento e tudo mais.

Na vida é assim. Não dá para esperar as pessoas olharem de perto para perguntar o que você realmente está fazendo, para conseguir enxergar o seu diferencial, o que você oferece como produto ou serviço. Tem que ter segmentação, nicho, foco e posicionamento. É assim que as pessoas vão rapidamente identificá-lo. É assim que as pessoas vão segui-lo.

Outro ponto importante é que as pessoas compram nossa história de vida, já falamos muito sobre isso. No meu caso, elas compram a minha história e mais o problema que eu resolvo para elas. Se você deixar claro que você ajuda as pessoas a resolverem seus problemas, elas vão te contratar mais.

As pessoas não estão buscando cursos, treinamentos, palestras ou livros. Elas procuram solução para a vida delas. E geralmente, quando começamos uma nova fase profissional que vem ao encontro da nossa história de vida, somada com a claridade dos problemas que resolvemos, isso se propaga. Torna-se algo quase 'viral'. Você já deve ter percebido isso em uma roda de conversas quando alguém começa a contar uma história, principalmente se for da própria vida ou de alguma superação. Olhamos e damos atenção para quem enfrentou os mesmos desafios, as mesmas dores que a gente.

Você também pode segmentar seu posicionamento.

Por exemplo, no meu mercado, quando a gente se forma todo mundo é *coach*. Somos como um peixinho nascendo em uma lagoa grande. Para se destacar é difícil. Porém, se você se especializa e se torna *coach* de carreira, *coach* de vida ou *coach* de emagrecimento, já passa para o segundo nível. Você passa a ser um peixe maior em uma lagoa menor. Já começa a se destacar no mercado. Se você se especializa em *coaching* de carreira para jovens, ou em *coaching* de emagrecimento para adolescentes obesos, você vira um peixão para uma lagoa pequena.

No caso da lagoa do *coach* de carreira para jovens, são quase 5 milhões de jovens formados no ensino médio por ano. Esse mercado é gigantesco. Quantas escolas particulares e públicas temos no Brasil? Quando você vai para o nível 3 de segmentação, você começa a ficar um peixe grande numa lagoa pequena, aparentemente, mas isso não significa que ela não tem potencial.

Um outro exemplo:

Quando você está com dor no joelho e vai ao médico ortopedista, ele pode identificar um problema no menisco. Então você vai ao médico ortopedista especialista em menisco. Ele é especialista em menisco, tem *site* e *blog* sobre problemas no menisco, o que gera uma confiabilidade muito grande só pelo fato dessa especialização. Há inclusive grandes chances de o médico ortopedista indicar um médico amigo, especialista em menisco, ou mesmo você já pensar em procurar um especialista.

Outro ponto importante:

O Google, a maior ferramenta de buscas de informações na internet, acaba ranqueando melhor os *sites* e *blogs* de quem tem destaque no que faz, tem conteúdo diferenciado, está segmentado.

PARTE IV
PRONTO PARA MUDAR

GERANDO CONFIANÇA PARA MUDAR

Acreditar.
Essa foi a palavra que me guiou e me guia pela vida toda.
Acreditar me faz caminhar apesar da dor e do medo. E viver pela coragem, pelo amor, pela esperança e pelo propósito. Acreditar é a maior vitamina que podemos ingerir diariamente. Temos que nos alimentar dela, nutrir nossa alma com fé para que nossos sonhos se materializem. Se você já sabe o caminho pelo qual deve trilhar, erga-se, acredite.
A esperança é o que nos move e sem esperança a vida fica cinza. Não tem nada pior na vida do que acordar todos os dias sem esperança, achando que a vida não pode ser melhor. A vida nos presenteia com vários momentos e você pode escolher como reagir a eles. Você pode escolher como vai se sentir, como vai reagir às coisas. Às vezes, deixamos que nossa confiança fique abalada com pequenos pedregulhos que se apresentam em nosso caminho. Não conseguimos caminhar com consistência ou constância nem encharcar nossa alma de desejo e paixão para realizar aquilo que queremos muito. Para qualquer pessoa que viu sua carreira desmoronar ou está em transição é essencial saber olhar esse novo horizonte e acreditar que tudo é possível.
Acreditar é uma coisa que ninguém pode tirar de você. Os maiores pesquisadores mundiais sobre o poder da fé salientam isso – como ela movimenta energias na direção das coisas. Livros, filmes e pesquisas fundamentam o que antes era apenas algo visto como esoterismo. Quando você acredita em algo, a química do seu cérebro muda. Por dentro, você ganha confiança. E confiante, ninguém pode detê-lo. A confiança gera uma energia que fura qualquer barreira que estiver no caminho. E você entra em um novo patamar, onde a sua

mente simplesmente alcança respostas para problemas ao invés de se conectar com eles acreditando que a sua vida vai desabar.

Não dá para caminhar com confiança se a gente está duvidando do nosso próprio potencial ou tem medo de agir. O medo faz nosso coração acelerar, nos mantém em estado de tensão, de alerta. Com *stress* a cortisona vai a mil. Nesse estado químico nada pode dar certo. Por isso, a confiança é o maior poder que você pode gerar.

Todas as ideias começam no campo onde não existem limites. E somos nós que acabamos acreditando no senso comum ou nas crenças que nos imputam, somos nós que temos medos, barreiras e limitações. É essencial blindar-se contra as pessoas que podem desmotivá-lo nesse momento.

Existem dezenas de técnicas e exercícios que podem reprogramar nossa mente. É preciso treino consciente para que possamos agir de forma inconsciente. Por exemplo, quando começamos a dirigir um carro, primeiro aprendemos a ajustar o banco, depois os espelhos, colocamos o cinto de segurança e passamos a acelerar, trocar marcha e frear, até que incorporamos e automatizamos tudo. Não percebemos o que estamos fazendo, você simplesmente entra no carro e vai embora.

Com a vida fazemos isso, mas de forma errada. Dê uma olhada em sua vida nesse exato momento e diga-me: quanta importância você tem dado às coisas que não têm a menor importância? Quanta importância tem dado aos problemas, entrando num ritmo acelerado e alucinante, deixando sua vida de lado simplesmente porque se esqueceu do quanto ela pode ser mágica. Você apenas está vivendo, respirando, andando, ouvindo e falando no automático. Com essa aceleração inconsciente é que a vida passa mais rápido. Quando se dá conta disso, muitas oportunidades passaram e você não abraçou nenhuma.

A vida não pode endurecer você, deixá-lo amargo. Por mais que a gente passe por milhares de momentos inacreditavelmente dolorosos, eles sempre deixarão cicatrizes que precisam ser aceitas para serem curadas. Não dá para fugir da dor. Então, vamos encará-la e mostrar que podemos ser mais fortes que ela.

Os obstáculos em minha vida vieram em forma de desafios todos os dias. Foram desafios na vida familiar, mortes, doenças, transtornos e problemas com dinheiro. Houve tanta coisa que hoje reconheço quanto essa jornada foi importante para formar o ser humano que me tornei. Agradeço por isso. Inclusive pela dor que me transformou.

Coloque no papel as coisas pelas quais você é grato. Mesmo que você tenha tido vários momentos ruins, você também deve ser grato. Na maioria das vezes, foram eles que o fizeram ser quem você é hoje. Portanto, não os ignore.

Acredite em você. Engaje-se. As possibilidades hoje são infinitas. A sua existência nunca será livre de dor, mas a capacidade de aprender com esses momentos é que faz com que você adquira confiança em si mesmo. Quando você supera certas coisas, passa a ter outras perspectivas da vida. E uma visão mais clara do que é verdadeiro.

Já vi pessoas perdendo a saúde em empregos desgastantes, olhando para trás e reconhecendo que ainda bem que tiveram um infarto em determinado momento, senão jamais teriam parado de trabalhar. Caso contrário, estariam massacrando a si mesmas, fazendo diariamente algo de que não gostavam até a morte. Esse é o pior castigo que você pode impor a si mesmo. Escolhemos tudo em nossas vidas. Exceto a morte.

Já pensei em desistir muitas vezes, mas acreditei que tudo ia dar certo. Hoje, tenho plena certeza de que mais do que ter um método e conhecimento, tem que acreditar. Podemos aplicar tudo, mas sem paixão, motivação e energia, nada sai do lugar. A fé nos movimenta de maneira incontrolável. Nos tornamos melhores com ela, percebemos que não estamos sozinhos. Mesmo quando as surpresas nos pegam desprevenidos, conseguimos enxergar que existem coisas positivas no caos.

Agradeça todos os dias o fato de viver.

Se você estivesse feliz em seu emprego, em sua vida atual, não teria comprado um livro sobre transformação. Então agradeça a bênção da crise em sua vida. Ela pode fazê-lo se movimentar, dar um passo adiante. Foi ela que fez com que você entendesse que é preciso estar presente para o dia de hoje.

Comece a perguntar a si mesmo se é capaz de viver uma vida com mais entusiasmo. E busque pequenos elementos que o façam sentir entusiasmado. Repita comigo: se você não acreditar em você, quem vai acreditar? É através desse entusiasmo que você vai encontrar uma força vital, uma maneira de se conectar com o outro, de compartilhar, crescer, viver e brilhar.

A luz interna é uma luz para o mundo. E quando acendemos essa luz interna podemos não apenas gerar confiança, mas também nos unir com outras pessoas com propósitos semelhantes.

É impossível seguir com confiança em si mesmo se você não traz consciência às duas dores. Elas precisam ser compartilhadas para serem curadas. E aí você vai encontrar o ponto de conexão para seguir adiante.

Esqueça aquela vida perfeita que as pessoas postam nas redes sociais. Pare de criar uma fachada para que não conheçam quem você é de verdade. Assuma a sua história, e aí você pode ser iluminado. Experimente fazer isso e me conte como foi. Aposto que a sua autenticidade deve ter chamado a atenção de milhares de pessoas.

Ao longo da minha carreira, conheci muita gente e lidei com muitos fantasmas internos. Antes mesmo de saber se eu queria parar a faculdade de Educação Física que eu tinha acabado de começar, tive que entender que eu precisava respeitar isso: era importante ser eu mesmo, sem tentar fazer média com os meus pais e amigos. Naquele momento, era a minha felicidade que contava. Ainda bem que percebi isso a tempo. E que assumi essa verdade em vez de fazer de conta que estava tudo bem. Tenha a ousadia de acreditar em si mesmo. De olhar para dentro, deixar as respostas virem à tona. Não se esconda. Celebre a vida.

Muita gente que vim a conhecer ao longo da vida já estava com a vida literalmente ganha – ou achava que estava –, num patamar da carreira onde se via frustrado, porém bem-sucedido financeiramente. E aí vinham os maiores questionamentos. Eram pessoas que não conseguiam ser elas mesmas dentro do ambiente de trabalho. E isso não se sustenta a longo prazo porque é impossível viver fingindo ser quem não somos.

A clareza de assumir quem você é talvez seja um dos maiores desafios da atualidade. Principalmente numa sociedade onde a essência do ser humano não é valorizada. Passamos por um período em que as pessoas massacravam a si mesmas para poderem trabalhar. Isso era valorizado antigamente. Por isso, muita gente acabou representando papéis no trabalho, entrando em carreiras que estavam completamente desconectadas de sua essência. E hoje são estas mesmas pessoas que viram a corda arrebentar.

Simplesmente não dá para não ser você mesmo. A questão é entender por que nos limitamos e impedimos que nossa principal característica, aquela que pode agir a nosso favor, inclusive em nosso trabalho, fique reprimida. Não tem nada mais libertador do que sermos o que somos, do que deixarmos nossa essência aflorar. Esta é a melhor maneira de ser feliz na carreira que escolher. Nesse processo que fazemos de *coaching*, muita gente acaba reinventando a carreira e a vida toda que caminha em paralelo porque percebe que quanto mais alinhado consigo mesmo, mais distante está da vida escura que tem criado para si.

Vejo empresários que saem do mercado corporativo para começarem uma nova carreira ou inventarem um novo modelo de negócio, que se deparam com sonhos que tinham quando ainda nem haviam entrado no mercado de trabalho, e se espantam ao resgatar hábitos que faziam parte de suas vidas.

A Leonora tinha 34 anos quando descobriu que sua pequena agência de publicidade não tinha muito a ver com ela, que era uma pessoa dentro do trabalho e outra fora dela. E surtou quando isso aconteceu. Teve literalmente um surto e não conseguia entender o que estava se passando. Ela havia idealizado a agência, brigado por clientes, e de repente via tudo aquilo ruir, porque não lhe satisfazia mais logo após o nascimento de sua filha.

Quando ela se deu conta de que, durante muito tempo, tinha tentado se adequar ao mercado ao invés de colocar sua personalidade para fora, encontrar clientes que tinham valores parecidos com os seus, a coisa mudou de figura. Disse que reinventaria a agência do zero. E foi o que fez. Construiu a nova imagem da agência alinhada aos seus verdadeiros valores – e não aos que fariam mais sucesso ou àqueles que o mercado pedia naquele momento.

O resultado foi espantoso: além de conquistar clientes com os quais ela gostava de trabalhar, criou uma tendência dentro do seu próprio mercado e começou a usar a sua *expertise*, única, para atender casos específicos de outras agências que indicavam clientes para ela. Ela se especializou naquilo que fazia melhor.

Por que é tão importante prestarmos atenção nesse exemplo? Porque o que nos diferencia e nos torna únicos é aquilo que nos difere de todo mundo. E se você é você mesmo, de uma maneira ou de outra vai acabar colocando seus melhores talentos em jogo, sem medo ou vergonha de fazer isso.

Falo muito em meus cursos e palestras que em treinamentos em massa que formam profissionais no segmento de *coaching*, as pessoas tendem a seguir um padrão, mesmo com todo o treinamento em *coaching*.

Todos os dias vejo pessoas se formando com *coach*, comprando uma roupa elegante, diferente do usual, fazendo fotos novas com posturas para transmitir credibilidade e achando que aquilo constrói uma nova imagem. Eu já fiz isso.

Vou esclarecer uma coisa: em qualquer profissão que você vá seguir, se você não for você mesmo, você jamais vai chegar onde quer chegar, porque fingir ser quem não é demanda uma energia tão grande que vai deixá-lo exausto.

Contei no começo desse livro como é bom quando estou no palco ou atendendo. Sou o mesmo Maurício. E não me canso, independentemente do que eu vá fazer. Simplesmente porque não finjo ser quem não sou. Autenticidade é a coisa mais importante que existe na vida.

Um exemplo de sucesso e autenticidade são as novas e jovens estrelas do Youtube. A equação do sucesso é simples: Querer + Autenticidade = Sucesso

Por isso, nessa fase em que você está colocando em prática o que aprendeu até agora, temos que resgatar isso para que você não desista de chegar onde quer chegar. Você escolheu o estilo de vida que quer ter, está em processo de realizar seus sonhos e projetos, e mais do que nunca precisa rever o que você é. É assim que você vai ficar mais autoconfiante e ter clareza de transmitir o que precisa ser transmitido para outras pessoas, profissionais, seus clientes e seu mercado.

Não seja leviano, não seja superficial, faça conexões autênticas e profundas com as pessoas. O que as pessoas não sabem a seu respeito? O que você esconde do mundo com medo de parecer fraco? A sua vida vai simplesmente mudar, quando você admitir ser quem é. E só assim você vai poder ser de verdade a pessoa que ama ser. Porque, caso contrário, só vai vestir mais uma máscara e fingir que está tudo bem para parecer legal pra todo mundo.

A pergunta básica nesse ponto da jornada é a seguinte: Quem é a pessoa que eu amo ser?

Muita gente identifica barreiras imaginárias e não consegue ser quem é, acreditando que em determinadas profissões não existe espaço para aquele comportamento. Este é um baita engano. Aquele é justamente o seu diferencial. O que faz de você um profissional único – e isso é o seu maior ativo, aquilo que mais ninguém pode copiar.

Outro dia assisti a uma entrevista de uma *youtuber* que disse que lutou anos com o fato de que ser ela mesma era legal. Ela dizia que durante décadas tentou se moldar a determinados padrões. Por isso, sempre tentava ser magra, sem respeitar seu biotipo físico, cortar o cabelo do jeito que as revistas mostravam que era bonito, usar cores da moda, sem que combinassem com seu estilo, e roupas que não tinham nada a ver com ela. O resultado foi que cresceu e se tornou uma pessoa diferente do que queria ser – e sua escolha profissional refletiu isso –, cursou a faculdade de jornalismo porque queria ser descolada. E foi infeliz durante muito tempo porque gostava muito de falar, mas não gostava de escrever. E se expressava muito mal escrevendo.

Quando ela deixou a faculdade e se despiu de tudo isso, num surto como aqueles de quem arrebenta a camisa de força, libertou-se. E começou a gravar vídeos para a internet. E nunca fez tanto sucesso profissional na vida, atraindo anunciantes para o seu canal sem fazer o menor esforço porque as pessoas se identificavam com aquilo que ela falava quando era autêntica.

Assim como ela, muita gente resolveu dar um pontapé no roteiro preestabelecido de vida e parar de se moldar para atender padrões imaginários. Porque somos nós que criamos esses padrões e ficamos aprisionados neles, como se não houvesse outra alternativa.

Seja o protagonista da sua história. Esse protagonismo é o que vai te diferenciar na vida.

Cansei de ver pessoas deixando de lado características únicas para investir em modelos preestabelecidos. É só assumindo suas dores, sua história e suas cicatrizes que você alcança o seu potencial. Não se isole nem desista de você mesmo. É preciso coragem para ser você mesmo. Porque viver não é apenas sobreviver. É realizar, enfrentar a dor, encontrar caminhos, descobrir soluções. Buscar a felicidade todos os dias. Isto é inspirador. Isto nos mantém firmes e fortes. Isto nos faz mais dinâmicos e poderosos. Isto nos faz encontrar nossa força e nosso poder. E aí viramos uma locomotiva que não para. Percebemos que é possível celebrar a cada dia o milagre da vida, a magia de realizar coisas, transformar realidades, e passamos a viver uma espécie de sonho que não imaginávamos que era possível. Essa plenitude é uma conquista. E todos podem beber dessa fonte.

Muito da tristeza e frustração de inúmeros profissionais vem desse cansaço gerado por anos tentando manter as aparências. Só que tudo isso um dia fica insustentável. Em determinado momento da vida, quando vem a crise, ela chama a atenção para esses aspectos que estão sendo deixados de lado. E tudo flui quando temos clareza de quem somos e quais atitudes nossas são naturais.

Mas quando há congruência o que seria congruência?

Congruência é a junção dos dois aspectos: quando você é você mesmo e tem atitudes e comportamento no seu dia a dia que demonstram isso.

Olhe-se no espelho, reconheça intimamente quem você é. Não se esconda. Tire a máscara e ame o que vê. Sorria com o que vê. Então você vai saber quando está sendo congruente. E essa clareza é transmitida de forma que gera uma confiança natural nas pessoas.

Já experimentou contratar qualquer serviço de alguém que parece ter nascido para fazer aquilo e age com tamanha naturalidade que você fica tranquilo só de saber que aquele trabalho está nas mãos daquela pessoa? Pois bem, o que deve estar acontecendo é que essa pessoa é congruente. Ela age de acordo com o que ela é, sem tentar fingir ser outra pessoa só para lhe agradar. E por melhor que seja o teatro, acredite que ninguém consegue viver fingindo ser quem não é, e tampouco enganar todo mundo o tempo todo.

Alguns conseguem construir uma carreira fingindo ser outra coisa. Só que pouco a pouco as máscaras caem e a própria pessoa acaba cavando a própria cova, já que nem sempre consegue manter as aparências.

Já escutei casos de pessoas que construíram imagens em torno de farsas. E existe um caso famoso de um cantor cuja carreira foi premeditada por uma gravadora. A empresa percebeu que o jovem tinha uma boa voz e o instruiu como ele deveria se vestir, se portar, definindo o estilo musical, entre outras coisas. Mas ele foi deixando aos poucos aquela máscara de lado. E aquela imagem construída para agradar aos fãs de repente. Então sua carreira simplesmente desabou. E adivinhem o que aconteceu? A gravadora quebrou o contrato com o cantor.

Se ninguém consegue fingir por muito tempo, imagine só diante das câmeras e da pressão por fama e sucesso. Esse caso não é isolado. Todos nós já presenciamos coisas parecidas no meio corporativo, artístico ou nas empresas em geral. Só que quando encontramos uma pessoa transparente, congruente, a diferença é gritante. Percebemos uma vitalidade diferente, um discurso alinhado com a essência. E nada parece contraditório.

Se um dia me perguntassem qual o principal ingrediente para uma carreira de sucesso, eu diria que a congruência está entre os cinco mais efetivos.

Portanto, vale agora parar tudo que você está fazendo e tentar entender onde você não está sendo você mesmo. Em quem você está se moldando para agradar, em quais situações suas atitudes não correspondem ao que você é de verdade. Em alguns momentos, vai ficar claro porque é tão difícil estar em certos lugares. Em outros, porque certos relacionamentos são desgastantes. E a resposta é sempre a mesma: toda vez que você não é você mesmo a tendência é que tudo fique extremamente difícil, pesado e superficial.

Para fechar esse capítulo vou contar a história de um empresário de 51 anos que vou chamar aqui de 'Paulo Roberto'.

O Paulo Roberto se formou em uma faculdade de administração e fez uma carreira sólida em um banco. Lá ele era conhecido como Paulo. Ele era extremamente habilidoso com números, sério, compenetrado, frio e tímido.

Fora do banco, seus amigos o conheciam como Roberto. O Roberto era um cara que contava piadas, extrovertido, engraçado, doce, carinhoso e de bem com a vida.

Em cada um dos lugares por onde transitava, ele era conhecido por um de seus nomes. E aos poucos começou a perceber que levava uma vida dupla.

A verdade é que quem conhecia o Paulo jamais imaginaria a personalidade do Roberto e vice-versa. Por isso, ele não tinha redes sociais. Tinha aversão a isso, visto que não sabia como agir nas redes, já que em cada ambiente ele era uma pessoa diferente.

O Roberto começou a se interessar por terapias holísticas. Ele estudava muito sobre espiritualidade e estava sempre conectado com esses assuntos. Mas isso era inadmissível no ambiente hostil onde o Paulo circulava. Ele representava um papel. Até que um dia, uma amiga o chamou para tomar um chope depois do trabalho. Ela queria apresentar uma outra amiga para ele, que estava solteira na época. Essa amiga contou como o Roberto era – interessado por espiritualidade, engraçado, doce, divertido –, e isso tinha despertado o interesse da outra, que trabalhava num banco e procurava alguém com essas características. Quando se encontraram, ela riu. Não acreditava que a amiga estava falando da mesma pessoa. Ela conhecia o Paulo. E o Paulo não tinha nenhuma daquelas características. Pelo contrário.

O *happy hour* foi um fiasco, porque sabendo que a amiga da amiga tinha um pé no banco e o conhecia do trabalho, ele não sabia qual postura deveria adotar.

Muita gente conhece o Paulo Roberto hoje. Ele dá cursos, vivências espirituais, está sempre na mídia, sendo ele mesmo, e é extremamente bem-sucedido no que faz. Só que por muito tempo a grande dificuldade era assumir seu verdadeiro eu. E só quando ele conseguiu isso teve sucesso e felicidade não só no trabalho como nos relacionamentos e na vida em geral.

Com esse exemplo fica fácil reconhecer porque ele era um cara que curiosamente tinha um nome composto. Mas quantas pessoas que você conhece usam o mesmo nome e são absolutamente diferentes quando estão no trabalho e quando estão em casa? E aqui não estamos falando de comportamentos adequados ao ambiente. Estamos falando de valores. Essa incongruência com os valores pode levar um ser humano à loucura.

Quando sou quem eu sou, e tenho as atitudes alinhadas com aquilo em que acredito, isto gera clareza e confiança. Nada fica obscuro e a confiança vem à tona.

VENCENDO SEU INIMIGO

Todo mundo encontra barreiras quando quer sair de um ponto e chegar a outro. Elas nos colocam à prova, mas fazem parte do nosso desenvolvimento e crescimento. Uma boa parte dessas barreiras são imaginárias, pois somos nós mesmos que as colocamos. Sabe quem é seu maior inimigo nessa jornada? Você mesmo. Sua mente, suas crenças, aquilo em que você acredita diariamente.

Nós somos nossos maiores inimigos a serem vencidos num processo de mudança. A principal barreira é não acreditar que você possui um talento, algo em que você seja muito bom. Muitas barreiras aparecem na jornada para o sucesso, desde escrever um artigo em um *blog*, postar nas redes sociais um texto bonito, até gravar vídeos para o seu canal na internet. Note que eu não falei das barreiras financeiras. Ainda hoje muitas pessoas criam fantasmas para fazer um simples vídeo com um celular na mão.

Se eu tivesse dado atenção e levado a sério todas as pessoas que me chamaram de louco porque eu estava deixando para trás um negócio de trinta anos para viver de *coaching*, talvez você não estivesse lendo esse livro. Na época, as pessoas nem sabiam o que era *coaching*, e eu coloquei literalmente minha cara para bater. Comecei a me expor mais e mais. Quando chegaram as redes sociais eu me adaptei a elas e multipliquei as produções de conteúdo. Eu tinha medo e vergonha, pois não achava meus conteúdos bons. Até que um dia eu encontrei um rapaz em um *shopping* e ele espantosamente disse "Você é o Maurício Sampaio? "Sim, sou eu." "Cara, eu assisto todos os seu vídeos". Aí eu entendi o impacto que estava causando, e que você pode causar também.

Eu utilizo uma regrinha que gosto muito: "A regra dos 50/50". Você pode viver muito bem se entender que 50% das pessoas no mundo vão odiar o que você faz e 50% vão amar. É gente pra caramba.

Um exemplo: só São Paulo tem 14 milhões de pessoas. Se 50% das pessoas não gostarem do que eu crio, tudo bem, pois 7 milhões vão gostar, o que já é uma maravilha. Um público espetacular. Lógico que vou trabalhar duro para trazer essas pessoas para perto. Mas é muito difícil querer agradar a tudo e a todos.

Também já vi gente dizendo que "só pessoas especiais conseguem fazer isso, eu não sou o cara". Posso afirmar que ninguém tem nada especial que você não tenha. Eu e você não nascemos fazendo vídeos para a internet, concorda? Então a questão é praticar e vencer seu maior inimigo, você mesmo.

Já ouvi muitas pessoas me dizerem 'Maurício, fiz o que você mandou, peguei a história, extraí meu ativos, segui o método, fiz a declaração de posicionamento e vi que o que eu quero fazer não existe".

Eu demorei dez anos para que eu fosse reconhecido como um dos maiores *coaches* de carreira do Brasil porque não existia *coaches* de carreira no mercado ou *marketing* digital, redes sociais, conteúdo gratuito na internet. Fazer vídeos era muito complicado. O que fez com que eu vencesse foi acreditar e colocar em prática. Por isso, acredite que você pode. O maior inimigo no processo de mudança é você mesmo. Sua mente, suas emoções e crenças negativas.

Os inimigos são muitos, e eu estou colocando-os aqui para que você fique preparado para enfrentá-los. Não quero que você demore o tempo que eu demorei para ter sucesso e ganhar dinheiro. Tem como ser mais rápido e isso eu acho que você já notou ao ler esse livro.

Muitos profissionais estão com a carreira paralisada,

por causa do sentimento de solidão. A minha história foi muito diferente disso – eu era um diretor de escola, todo dia eu chegava, meu escritório estava cheio de gente sempre. Eu tomava decisões compartilhadas. Meu dia a dia era agitado.

Quando tomei uma decisão de trabalhar por conta própria, eu montei um escritório e em pouco meses eu já estava lá trabalhando. Confesso que fui pego pela síndrome da solidão. Não tinha mais com quem compartilhar, não tinha internet, era difícil, isso estava me pegando de forma complicada e quase desisti. Na hora de tomar as decisões estratégicas, eu não tinha mais ninguém.

E isso já ouvi de várias pessoas, profissionais que começaram a trabalhar por conta própria. Desmotivadas, não sabiam como tomar decisões. Pessoas que não sabiam como fazer. Por isso, eu costumo dizer que é sempre bom ter uma pessoa que possa ajudar a tomar decisões.

Eu mesmo, quando preciso tomar decisões, contrato um *coach*.

Depois de um tempo, me dei conta de que não podia deixar de lado certas coisas. Comecei a perceber que a gente tem que estar presente, se fazer presente. Precisamos ir atrás das pessoas.

Esses dias, eu saí de casa, peguei o carro e fui ao lançamento do livro de um grande amigo. Foi um evento legal onde encontrei muitas pessoas, algumas delas que me seguiam, tiramos fotos, outras que fazem projetos diferentes e até rolou um convite para ministrar uma palestra.

É importante estar presente, fazer novas amizades. Participar de eventos, palestras gratuitas, encontros profissionais, sair para almoçar com colegas, profissionais que estão na mesma batida que a sua. Além de não jogá-lo para baixo emocionalmente, isso vai ajudar você a elevar sua autoestima e confiança para seguir em frente.

A partir desse momento você tem duas escolhas. Ou fechar este livro e engavetá-lo ou colocar em prática e usá-lo para mudar sua vida. Responda para você mesmo! E, a partir de agora, decida mudar de vida. Decida tomar uma atitude.

O medo nos segura. Vença-o. Não deixe que ele o sufoque, absorva ou imponha limites a você. Não escolha essa limitação para a sua vida. Dê o seu primeiro pequeno e vencedor passo.

Vencer seu inimigo é vencer a si mesmo. Vencer essas emoções descontroladas que teimam em tirar seu sono e o impedem de ser responsável por sua vida.

Arrisque mais, saia do papel de vítima, e provoque todo o impacto que puder a partir da sua própria história. Meu papel foi o de provocar uma mudança. De colocar aqui neste livro todas as minhas intenções, minha energia, meu conhecimento e minha história para transformar sua vida.

O seu papel é aceitar essa transformação e decidir colocá-la em prática na sua vida a partir de agora, além de também transformar a vida de outras pessoas.

É uma decisão única e exclusivamente sua.

Faça acontecer.

Tudo o que você precisa na sua vida é acreditar e agir.

Provoque mudanças, gere impacto e escolha viver.